Diogenes Taschenbuch 21552

detebe

Immanuel Kant

Deines Lebens Sinn

Eine Auswahl aus dem Gesamtwerk

Herausgegeben und mit einem Vorwort von Wolfgang Kraus

Diogenes

Dieser Band erschien erstmals im
Georg Prachner Verlag, Wien und Stuttgart, 1951,
und wurde vom Herausgeber überarbeitet.
Umschlagillustration:
Harmen Steenwijck, ›Vanitasstilleben‹,
um 1640–50 (Ausschnitt)

40/93/36/2
ISBN 3 257 21552 5

INHALT

Vorwort 9
Deine Kraft 23
Deine Grenze 42
Deine Aufgabe 55
Deine Erfüllung 105
Schönheit und Kunst 121
Frauen und Liebe 132
Weisheit des Lebens 139
Schlußbemerkung 151
Quellennachweis 153

Niemand entwächst der Schule der Weisheit.

Ich kann niemanden besser machen als durch den Rest des Guten, das in ihm ist.

Alle Macht des Himmels steht auf der Seite des Rechts.

Immanuel Kant

VORWORT

Kant zu verehren ist ein Zeichen seelischer Reife. Man ist dann nicht mehr gewillt, sich dem Leben blind zu überlassen, sondern strebt danach, von sich selbst und der Umwelt ein klares Bild zu gewinnen. Dann sucht man, der Enttäuschungen vielleicht überdrüssig, mit Kant verläßliche Grundlagen des geistigen Daseins und eine feste, geordnete Lebensanschauung. Schopenhauer sagte: „Kants Lehre bringt in jedem Kopfe, der sie gefaßt hat, eine fundamentale Veränderung hervor, die so groß ist, daß sie für eine geistige Wiedergeburt gelten kann."

Kant hat durch seine systematische Kritik, der er das Denken und die Erscheinungswelt unterwarf, und durch die er die menschlichen Werte sowohl vor sinnlosen Angriffen wie vor sinnlosen Übersteigerungen schützte, den Spruch auf dem Apollotempel in Delphi „Erkenne dich selbst" wie kaum ein anderer erfüllt. Mit Scharfsinn zeigt er uns Fähigkeit und Grenze und weist uns den Weg für unser Handeln.

Um den Verlauf von Kants Leben zu beschreiben, genügt ein Satz: Er wurde am 22. April 1724 in Königsberg als Sohn eines Sattlers geboren, erhielt hier als Privatdozent nach fünfzehn Jahren Wartezeit 1770 eine Professur der Philosophie und starb, unverheiratet, am 12. Februar 1804. Er verließ Königsberg nur für kurze Besuche in die unmittelbare Umgebung, mied jede Ablenkung von der Arbeit und widmete sich mit seiner ganzen Kraft dem Aufbau seines philosophischen Weltbildes. Durch Phantasie und Konzentration schärfte er seinen Blick, und sein Temperament strömte gesammelt und gelenkt in die Darstellung seines Systems: in den Vortrag für seine Hörer und in die gewaltigen Bauwerke seiner Schriften. Sein Schüler und späterer Gegner Johann Gottfried Herder schrieb über Kant: „Er hatte in seinen blühendsten Jahren die fröhliche Munterkeit eines Jünglings, die, wie ich glaube, ihn auch in sein greisestes Alter begleitet. Seine offene, zum Denken gebaute Stirn war ein Sitz unzerstörbarer Heiterkeit und Freude. Die gedankenreichste Rede floß von seinen Lippen; Scherz, Witz und Laune standen ihm zu Gebote, und sein lehrender Vortrag war der unterhaltendste Umgang."

Sprach Kant über fremde Länder, was er einige Semester hindurch tat, so vermuteten Hörer, die ihn nicht kannten, von seiner fesselnden Erzählung mitgerissen, in ihm einen Weltreisenden. Dabei war sein Alltag so gleichförmig, daß die Königsberger nach seinen Spaziergängen die Uhr richteten.

Der Widerhall, den die Lehre Kants fand, war überwältigend: Mit den Büchern, die über Kant geschrieben wurden, könnte man Bibliotheken füllen, und

Heinrich Heine bezeichnete sein Werk als ein Ereignis, das an Wirkung die französische Revolution weit hinter sich lasse.

Was aber war nun eigentlich jene sensationelle Entdeckung, die zu solchen Folgen Anlaß gab? Kant fand die Formel für die menschliche Vernunft. Das war in der Philosophie das Ei des Kolumbus. Hatten nämlich seine Vorgänger die Erkenntnisfähigkeit des Menschen, ohne sie einer systematischen Prüfung zu unterwerfen, entweder behauptet oder geleugnet und konnten über das Wesen der Dinge zu keiner Einigung kommen, so betrachtete Kant das Werkzeug, die Erkenntnisfähigkeit selbst. Wie weit können wir der Vernunft überhaupt vertrauen, und was vermag sie uns an Ergebnissen zu bieten? Das war das Thema seines ersten Hauptwerkes „Die Kritik der reinen Vernunft“, das 1781 erschien.

In der „Kritik der reinen Vernunft“ steht Kant zwei Ansichten gegenüber: der „dogmatischen“, die unbegrenztes Vertrauen in die menschliche Vernunft setzt und ihr auch metaphysische Erkenntnis zuspricht, und der „skeptischen“, die meint, das menschliche Bewußtsein sei nur ein Bündel wahlloser Sinneseindrücke und der Geist selbst völlig machtlos. Kant wendet sich nun in den ersten beiden Phasen seines Werkes gegen die zweite, die skeptische Anschauung, in der folgenden, letzten gegen die dogmatische. In der „Transzendentalen Ästhetik“ (transzendental, weil sie über die Erfahrung hinausgeht, Ästhetik, weil sie sich mit Sinneseindrücken beschäftigt) stellt er fest, daß uns von vornherein, ohne jede Erfahrung, also „a priori“, sogenannte „reine Anschauungen“ gegeben sind, wie etwa Raum und Zeit. Wir wissen von vornherein, daß sich uns die Wirklichkeit in diesen Anschauungen darstellt, können also sicher sein, daß uns eine auswählende, ordnende Fähigkeit innewohnt. In der zweiten Phase, in der „Transzendentalen Analytik“ erweitert Kant seine Untersuchung auf das Denken: auch hier verfügen wir a priori über verschiedene Erkenntnisformen, „Kategorien“, wie etwa Kausalität, Wechselwirkung und Notwendigkeit, nach denen wir alle Wahrnehmungen ordnen. Wir ordnen sie durch eigene Kraft, denn wie wäre es sonst möglich, daß aus dem gleichen Erfahrungsmaterial der eine nur Torheit, der andere aber Weisheit gewinnt? Unsere Vernunft ordnet und begreift also die Erscheinungswelt, und unser Bemühen wissenschaftlicher Art steht daher auf verläßlichem Grund. Die Vernunft hat jedoch eine unerbittliche Grenze, die sie nicht überschreiten kann, beweist Kant in der „Transzendentalen Dialektik“: sie kann die Welt der Erscheinung, die Wirklichkeit, niemals verlassen. Für alles, was darüber hinausgeht, für das Reich der „Dinge an sich“, die Metaphysik, sind wir blind. Sind doch die Kategorien, die uns das Erfassen der realen Welt ermöglichen, nur endliche Begriffe und versagen not-

wendig für die Erkenntnis alles dessen, was jenseits des sinnlich Wahrnehmbaren liegt. Gottesbeweise sind daher unmöglich.
Kants Prüfung der Vernunft brachte also das für alle Denker aufsehenerregende Ergebnis: sie ist für die Wirklichkeit ein absolut verläßliches Werkzeug, für das Übersinnliche aber ist sie wertlos.
Mit diesen wahrhaft fundamentalen Gedanken, die hier nur kurz angezeigt sind, hat Kant das Thema „Theoretische Erkenntnis" erschöpft und geht nun auf ein anderes Gebiet über.
Seine „Kritik der praktischen Vernunft", die 1788 erschien, gründet Kant auf die Feststellung, daß a priori ein Sittengesetz in uns wirksam sei, das uns gebietet, auch gegen unseren eigenen Vorteil auf eine ideale Menschheit hinzuarbeiten, daß eine unleugbare, absolute Stimme des Gewissens in uns spreche, ein „kategorischer Imperativ": „Handle so, daß die Maxime deines Willens jederzeit zugleich als Prinzip einer allgemeinen Gesetzgebung gelten könne." Auf diesen archimedischen Punkt, auf die Feststellung, daß ein unmittelbares Gefühl für das Richtige jedem von uns eingeboren ist, gründet Kant nun sein eigenes System; war doch das erste Hauptwerk, die „Kritik der reinen Vernunft", nur eine Bestimmung des Werkzeugs. Das deutliche, machtvolle Gebot in uns, den „kategorischen Imperativ", unsere „Pflicht", zu befolgen, beweist aber von selbst die Freiheit unseres

Willens. Denn wie gäbe es eine Stimme in uns, die uns auffordert, unsere Pflicht zu tun, hätten wir nicht die Möglichkeit einer Wahl zwischen ihr und der Neigung? Aus dem Treiben der Welt ersehen wir dann, daß die Erfüllung der Pflicht, das Gehorchen der guten Stimme in uns, im Dasein keineswegs immer die gebührenden Früchte trägt. Das gleiche innere Gebot verspricht uns daher die Unsterblichkeit, in der das Fehlende ergänzt wird. Die Unsterblichkeit und jenseitige Gerechtigkeit aber spricht für Gott. So folgen aus dem kategorischen Imperativ die drei Postulate der praktischen Vernunft: Freiheit, Unsterblichkeit, Gott. Kant baut damit seine Lehre nicht auf die „reine Vernunft“, deren Gültigkeit begrenzt ist, sondern auf den moralischen Sinn in uns, die „praktische Vernunft“. Erst hat Kant also bewiesen, daß die reine Vernunft nur für die Wirklichkeit zuständig ist, nicht aber für das Übersinnliche, und führt jetzt, ihr völlig unangreifbar, von einem ganz anderen Ausgangspunkt, dem Sittengesetz her, seine Folgerung bis zu Gott. Kant sagt: „Ich mußte das Wissen aufheben, um zum Glauben Platz zu bekommen.“

So wurde Kant einer der größten Metaphysiker der Menschheit, obwohl er der Erkenntnis jede Zuständigkeit für Metaphysik absprach. Gerade dies aber war sein genialer Einfall, es war der geniale Einfall eines Menschen, der seine tiefe Gläubigkeit an das Gute, an die Freiheit, an Gott und Unsterblichkeit

gegen jeden möglichen Angriff verteidigen wollte. Kant gelang diese Sicherstellung dadurch, daß er dem Rationalismus mit dessen eigenen Mitteln die Grenze setzte. Er vollbrachte dabei eine intellektuelle Riesenleistung ohnegleichen, bei der er an Raffinement, an Voraussicht, ja geradezu an juristischer Klugheit kaum zu übertreffen ist. Seine Lehre wurde daher wohl in Einzelheiten eingeschränkt, doch konnte sie im wesentlichen bisher nicht widerlegt werden.
Diesen beiden großen Hauptwerken schloß Kant 1790 ein drittes an, die „Kritik der Urteilskraft", in der er sich vor allem mit den Begriffen des Schönen und Erhabenen beschäftigt. Kant schuf außer diesen drei „Kritiken" noch mehrere Nebenwerke, die, soweit sie in die „kritische Periode" fallen, also in die Zeit nach 1781, sein System ergänzen: „Prolegomena einer künftigen Metaphysik" 1783, „Religion innerhalb der Grenzen der bloßen Vernunft" 1793, „Anthropologie" 1798 und mehrere kleine Schriften. In seine „vorkritische Periode" fallen das naturwissenschaftliche Werk „Allgemeine Naturgeschichte und Theorie des Himmels" 1755 – in welchem er die Laplacesche Theorie vorwegnimmt – sowie die „Träume eines Geistersehers, erklärt durch Träume der Metaphysik" 1762, neben anderen kleineren Abhandlungen.
Die Philosophie Kants brauchte nicht lange Zeit, um sich durchzusetzen. Zwar blieb die „Kritik der reinen Vernunft" nach ihrem Erscheinen mehrere Jahre hin-

durch wenig beachtet, doch war Kant schon 1789 eine Berühmtheit, und kurz nach seinem Tode verzeichnete man über viertausend Werke, die über ihn geschrieben worden waren. Die Zahl der Verfechter, Ausdeuter und Ausgestalter seiner Lehre, der Streitschriften und Diskussionen wuchs jedoch in den folgenden Jahrzehnten lawinenartig darüber hinaus. Selbst jene Philosophen, die von Kant erbittert als Gegner und Entsteller seines Werkes bezeichnet wurden, nannten sich Kantianer. Heute ist die Kenntnis Kants Werk Grundbedingung jedes systematischen Philosophierens.

Die Lehre Kants war in der Entwicklung des philosophischen Denkens nicht ohne Vorboten. Schon Jahrzehnte vorher zeichneten sich ihre Grundzüge ab, jedoch getrennt in verschiedene einander widersprechende Einzelkräfte. Sie zueinanderzuführen und ihrem Gegenspiel eine Lösung abzuhören, war die große Leistung Kants.
Bei diesen Einzelkräften handelte es sich vor allem um drei: um den Rationalismus, der von Francis Bacon (1561–1626) bis Voltaire (1694–1778) und Christian Wolff (1679–1754) eine Reihe bedeutender Vertreter fand, um den Skeptizismus, der von John Locke (1632–1704) und David Hume (1711–1776) ausgearbeitet wurde, und um den Gefühlskult Jean Jacques Rousseaus (1712–1778). Der Rationalismus, den Kant „Dogmatismus“ nannte, schrieb der Vernunft unbe-

grenzte Macht zu, der Skeptizismus zweifelte an allem, der Gefühlskult achtete die Stimme des Herzens mehr als alle intellektuelle Grübelei. Kant vereinigte in seinem „Kritizismus" alle drei Auffassungen: Überbewertung und Entmündigung der Vernunft werden in der „Kritik der reinen Vernunft" ins rechte Maß gebracht, die Stimme des Gefühls, des Rechtsgefühls, wird das wesentliche Motiv der „Kritik der praktischen Vernunft". Damit war der herrschenden Hauptströmung, der „Aufklärung", welche sich bereits in zwei Lager – eben den „Dogmatismus" und den „Skeptizismus" – gespalten hatte, entschieden ein Ende gesetzt.

Kant selbst hat in seiner Entwicklung diese drei Denkarten durchlebt: er begann als Dogmatiker, wurde durch die Begegnung mit dem Werk Humes, wie er sagte, aus dem „dogmatischen Schlummer" erweckt und erlebte bei der Lektüre von Rousseaus „Emile" eine seiner stärksten Erschütterungen.

Die Auseinandersetzung mit Kant wandte sich vor allem dem „Ding an sich" zu, das als unbefriedigende Annahme empfunden wurde. Johann Gottlieb Fichte (1762–1814), der Begründer des „Deutschen Idealismus", versuchte das „Ding an sich" abzuschaffen, indem er sagte, unsere Vorstellungswelt sei nicht nur ein Schattenwurf des „Dinges an sich", sondern überhaupt das Erzeugnis unseres „Ich". Das „Ich" schaffe das „Nicht-Ich". Auch Arthur Schopenhauer

(1788–1860) erklärte sich mit dem „Ding an sich" nicht einverstanden und setzte es dem „Willen" gleich. Beide Denker bezeichneten sich als Schüler und Deuter Kants, und Fichte setzte dem ausdrücklichen Protest des großen Philosophen die Worte entgegen: „Der heilige Geist in Kant hat wahrer als Kants individuelle Persönlichkeit gesprochen." – Kants Lehre vom angeborenen moralischen Sinn wurde später die Relativität des Guten entgegengehalten, doch läßt sich für Kant anführen, daß die großen Lehrer der Menschheit, wie Christus, Buddha, Platon, Konfutse, ethisch im wesentlichen Ähnliches gesagt haben, und daß gesellschaftliche Rechtstraditionen mit den großen ungeschriebenen Gesetzen in jedem Menschen nicht verwechselt werden dürfen.
Die ganze geistige Entwicklung des neunzehnten Jahrhunderts ist ein Verarbeiten der Gedanken Kants, und weder die „Deutsche Klassik" noch der „Deutsche Idealismus" oder die „Romantische Bewegung" sind ohne ihn denkbar. Seit Kant gibt es kaum einen Philosophen von Bedeutung, der nicht als Schlüssel zum eigenen Werk seine Stellung zu dessen Lehre festlegte. Kant ist der Schnittpunkt der Koordinaten, und man gibt seinen Standort im Verhältnis zu ihm an.

Kants Werke, die insgesamt etwa fünftausend Seiten umfassen, sind dem philosophisch ungeschulten Leser nicht ohne weiteres zugänglich. Eine verästelte Terminologie erschwert lange Strecken hindurch die Lektüre, so daß Nietzsche, der in seinem impulsiven Vorstürmen Grund genug hatte, die Systematik Kants zu verdunkeln, ihn den „großen Chinesen aus Königsberg" nennen konnte. Diese Auswahl hat es sich nun zur Aufgabe gestellt, in großen Zügen Kants Weltbild nachzuzeichnen und es aus jenen seiner Sätze zu uns sprechen zu lassen, die für jeden leicht und unmittelbar verständlich sind. In ihnen erkennen wir die von fast allem Bildwerk befreite lichtvolle Klarheit seiner Gedanken, welchen die Sprache nur als ein aufs notwendigste verringertes Verständigungsmittel beigegeben ist. Selten fühlt man die Kraft des Gedankens stärker als in diesen Sätzen, deren Sprache durchscheinend und ohne Eigenwert ist. Die Auswahl will also die Grundzüge der Lehre Immanuel Kants nahebringen, vor allem aber seine tiefe menschliche Weisheit zugänglich machen, seinen vorbildlichen Glauben an das Gute im Menschen und an die uns allen innewohnende Fähigkeit, es zu verwirklichen.

W. K.

DEINES
LEBENS SINN

DEINE KRAFT

Freunde des Menschengeschlechts und dessen, was ihm am heiligsten ist! Nehmt an, was euch nach sorgfältiger und aufrichtiger Prüfung am glaubwürdigsten scheint: nur streitet der Vernunft nicht das ab, was sie zum höchsten Gut auf Erden macht, nämlich das Vorrecht, der letzte Probierstein der Wahrheit zu sein!

Es ist dem menschlichen Verstande unumgänglich notwendig, Möglichkeit und Wirklichkeit der Dinge zu unterscheiden.

Wie kann man Menschen glücklich machen, wenn man sie nicht sittlich und weise macht?

Philosophie ist die Idee einer vollkommenen Weisheit, die uns die letzten Zwecke der menschlichen Vernunft zeigt.

Der praktische Philosoph, der Lehrer der Weisheit durch Lehre und Beispiel, ist der eigentliche Philosoph.

In der Tat ist es eine große Gabe des Himmels, einen geraden, oder wie man es neuerlich benannt hat, einen schlichten Menschenverstand zu besitzen.
Aber man muß ihn durch Taten beweisen, durch das Überlegte und Vernünftige, was man denkt und sagt — nicht aber dadurch, daß man sich auf ihn als ein Orakel beruft, wenn man nichts Kluges zu seiner Rechtfertigung vorzubringen weiß.

Der muß viel wissen, der andere lehren soll, mit wenig Wissen weise zu sein.

Büchergelehrsamkeit vermehrt zwar die Kenntnisse, aber erweitert nicht den Begriff und die Einsicht, wenn nicht Vernunft hinzukommt.

Die bloße Polyhistorie ist eine zyklopische Gelehrsamkeit, der ein Auge fehlt — das Auge der Philosophie.

Philosophieren läßt sich nur durch Übung und selbsteigenen Gebrauch der Vernunft lernen.

Was den Philosophen betrifft, so kann man ihn gar nicht als Arbeiter am Gebäude der Wissenschaften, nicht als Gelehrten, sondern man muß ihn als Weisheitsforscher betrachten.

Man könnte Weltwissenschaft und Weltweisheit unterscheiden, die erste ist Gelehrsamkeit, die zweite Kenntnis von der Bestimmung des Menschen.

Die Philosophie muß als Arzneimittel wirken.

Ein jedes Ding der Natur wirkt nach Gesetzen.

Alles, was die Natur selbst anordnet, ist zu irgendeiner Absicht gut. Selbst Gifte dienen dazu, andere

Gifte, welche sich in unseren eigenen Säften erzeugen, zu überwältigen.

Es ist ein Urteil, dessen sich selbst der gemeinste Verstand nicht entschlagen kann, wenn er über das Dasein der Dinge in der Welt und die Existenz der Welt selbst nachdenkt: daß nämlich ohne den Menschen die ganze Schöpfung eine bloße Wüste, umsonst und ohne Endzweck sein würde.

Ich bin, und vielleicht ein Teil meiner Leser mit mir, überzeugt, mich als einen Bürger in einer Welt zu sehen, die nicht besser möglich war. Von dem besten unter allen Wesen zu dem vollkommensten unter allen möglichen Entwürfen als ein geringes Glied, an mir selbst unwürdig und um des Ganzen willen auserlesen, schätze ich mein Dasein desto höher, weil ich erkoren bin, in dem besten Plane eine Stelle einzunehmen. Ich rufe allem Geschöpfe zu, welches sich nicht selbst unwürdig macht, so zu heißen: Heil uns, wir sind! und der Schöpfer hat an uns Wohlgefallen. Unermeßliche Räume und Ewigkeiten werden wohl nur vor dem Auge des Allwissenden die Reichtümer der Schöpfung in ihrem ganzen Umfange eröffnen, ich aber aus dem Gesichtspunkte, wo ich mich befinde, bewaffnet durch die Einsicht, die meinem schwachen Verstande verliehen ist, werde um mich schauen, so weit ich kann, und immer mehr einsehen lernen: daß das Ganze das Beste sei, und alles um des Ganzen willen gut sei.

Wie sollten wir eine Einheit auf die Bahn bringen können, wären nicht in den ursprünglichen Erkenntnisquellen unseres Gemüts Gründe solcher Einheit von vornherein enthalten?

Die menschliche Vernunft ist ihrer Natur nach architektonisch, das ist, sie betrachtet alle Erkenntnisse als gehörig zu einem möglichen System.

So fängt denn alle menschliche Erkenntnis mit Anschauungen an, geht von da zu Begriffen und endigt mit Ideen.

Unter der Regierung der Vernunft müssen unsere Erkenntnisse ein System ausmachen. Ich verstehe aber unter einem System die Einheit der mannigfaltigen Erkenntnisse unter einer Idee.

Eine Idee ist nichts anderes als der Begriff von einer Vollkommenheit, die sich in der Erfahrung noch nicht vorfindet.

Das höchste Wesen bleibt also ein bloßes, aber doch fehlerfreies Ideal, ein Begriff, welcher die ganze menschliche Erkenntnis schließt und krönt.

Das höchste Gut ist nicht möglich, ohne drei theoretische Begriffe vorauszusetzen: nämlich Freiheit, Unsterblichkeit und Gott.

Es soll hier nur so viel gesagt werden: daß die Furcht zwar zuerst Götter (Dämonen), aber die Vernunft mit ihren moralischen Prinzipien zuerst den Begriff von Gott hervorbringen konnte.

Der Mensch — ein Wesen, das aufrecht zu stehen und den Himmel anzuschauen gemacht ist.

Durch keine Ursache in der Welt kann der Mensch aufhören, ein frei handelndes Wesen zu sein.

Es gibt gar keine unmittelbare Neigung zu moralisch bösen Handlungen, wohl aber eine unmittelbare zu guten.

Es kann ja nur durch die herrliche in uns befindliche Anlage zum Guten, welche den Menschen achtungswürdig macht, geschehen, daß er den Menschen, der dieser zuwider handelt, verachtungswürdig findet.

Aus unserer aufrichtigen und genauen Vergleichung mit dem moralischen Gesetz, seiner Heiligkeit und Strenge, muß unvermeidlich wahre Demut folgen: aber daraus, daß wir einer solchen inneren Gesetzgebung fähig sind, daß der physische Mensch den moralischen Menschen in seiner eigenen Person zu verehren sich gedrängt fühlt, folgt zugleich Erhebung und die höchste Selbstschätzung als Gefühl seines inneren Werts, nach welchem er für keinen Preis feil ist und eine unverlierbare Würde besitzt, die ihm Achtung gegen sich selbst einflößt.

Es liegt so etwas Besonderes in der grenzenlosen Hochschätzung des reinen, von allem Vorteil entblößten moralischen Gesetzes, dessen Stimme auch den kühnsten Frevler zittern macht und ihn nötigt, sich vor seinem Anblick zu verbergen.

Der Mensch kann nur als moralisches Wesen ein Endzweck der Schöpfung sein.

Natur und Freiheit sind die beiden Türangeln der Philosophie.

Was ist Wahrheit? Die Namenerklärung: Wahrheit ist die Übereinstimmung der Erkenntnis mit ihrem Gegenstande.

Wer nicht schulmäßig sondern geniemäßig philosophiert, wirtschaftet aus dem Vollen, welches dann einen nahen Bankrott weissagen läßt. Die kritische Philosophie ist diejenige Vernunftwirtschaft, welche zuerst ihren Vermögenszustand untersucht, um zu wissen, wie weit sie in Ausgaben gehen kann, und sieht aus wie ein Pinsel gegen den geistreichen Kopf, der wie ein gewisser Minister von seiner Staatsverwaltung rühmt: je mehr er Schulden macht, desto reicher wird er.

Kritische Philosophie ist diejenige, welche nicht mit den Versuchen Systeme zu bauen oder zu stürzen, oder gar nur ein Dach ohne Haus zum gelegentlichen Unterkommen auf Stützen zu stellen, sondern von der Untersuchung der Vermögen der menschlichen Vernunft Eroberung zu machen anfängt und nicht so ins Blaue hinein vernünftelt.

So schädlich der Skeptizismus ist, so nützlich und zweckmäßig ist doch die skeptische Methode, wofern man darunter nichts weiter als nur die Art versteht, etwas als ungewiß zu behandeln und auf die höchste Ungewißheit zu bringen, in der Hoffnung, der Wahrheit auf diesem Wege auf die Spur zu kommen.

Zwischen Dogmatismus und dem Skeptizismus ist die mittlere und einzig gesetzmäßige Denkungsart der Kritizismus. Dieser ist die Maxime, niemals etwas anders als nach vollständiger Prüfung der Prinzipien für wahr anzunehmen.

Durch Kritik wird unserem Urteil der Maßstab zugeteilt, wodurch Wissen von Scheinwissen mit Sicherheit unterschieden werden kann.

Der größte und vielleicht einzige Nutzen aller Philosophie ist wohl nur negativ: da sie nämlich nicht als Organ zur Erweiterung, sondern als Disziplin zur Grenzbestimmung dient und, anstatt Wahrheit zu entdecken, nur das stille Verdienst hat, Irrtümer zu verhüten.

Um Irrtümer zu vermeiden, muß man die Quelle derselben, den Schein, zu entdecken und zu erklären suchen.

Das Feld der Philosophie in weltbürgerlicher Bedeutung läßt sich auf folgende Fragen bringen: Erstens: Was kann ich wissen? Zweitens: Was soll

ich tun? Drittens: Was darf ich hoffen? Viertens: Was ist der Mensch?
Die erste Frage beantwortet die Metaphysik, die zweite die Moral, die dritte die Religion und die vierte die Anthropologie.

Wo also Wahrnehmung hinreicht, dahin reicht auch unsere Erkenntnis vom Dasein der Dinge.

Was die Dinge an sich sein mögen, weiß ich nicht und brauche es nicht zu wissen, weil mir doch niemals ein Ding anders als in der Erscheinung vorkommen kann.

Bisher nahm man an, alle unsere Erkenntnis müsse sich nach den Gegenständen richten; aber alle Versuche gingen unter dieser Voraussetzung zunichte. Man versuche es daher einmal, ob wir nicht besser fortkommen, wenn wir annehmen, die Gegenstände müssen sich nach unserer Erkenntnis richten. Es ist hiermit ebenso bewandt wie mit den ersten Gedanken des Kopernikus, der, nachdem es mit der Erklärung der Himmelsbewegungen nicht gut fort wollte, wenn er annahm, das ganz Sternheer drehe sich um den Zuschauer, versuchte, ob es nicht besser gelingen möchte, wenn er den Zuschauer sich drehen und dagegen die Sterne in Ruhe ließ.

Es sind also im Verstande reine Erkenntnisse a priori (von vornherein) enthalten. Diese sind die Kategorien.

Kategorien der Quantität: Einheit, Vielheit, Allheit ...

Kategorien sind nichts anderes als die Bedingungen des Denkens zu einer möglichen Erfahrung, so wie Raum und Zeit die Bedingungen der Anschauung.

Kategorien sind Schlüssel zu möglichen Erfahrungen.

Alle Versuche, jene reinen Verstandesbegriffe von der Erfahrung abzuleiten und ihnen einen bloß empirischen Ursprung zuzuschreiben, sind ganz eitel und vergeblich.

Was will ich? fragt der Verstand. Worauf kommts an? fragt die Urteilskraft. Was kommt heraus? fragt die Vernunft.

Ein richtiger Verstand, geübte Urteilskraft und gründliche Vernunft machen den ganzen Umfang des intellektuellen Erkenntnisvermögens aus.

Verstand und Sinnlichkeit können bei uns nur in Verbindung Gegenstände bestimmen. Wenn wir sie trennen, so haben wir Anschauungen ohne Begriffe, oder Begriffe ohne Anschauungen, in beiden Fällen aber Vorstellungen, die wir auf keinen bestimmten Gegenstand beziehen können.

Der Verstand ist für die Vernunft ebenso ein Gegenstand wie die Sinnlichkeit für den Verstand.

Glaube ist die moralische Denkungsart der Vernunft im Fürwahrhalten desjenigen, was für die theoretische Erkenntnis unzugänglich ist.

Der Körper ist nur die Form der Seele.

Angenehm heißt das, was vergnügt, schön, was bloß gefällt, gut, was geschätzt wird.

Alle Seelenvermögen oder Fähigkeiten können auf diese drei zurückgeführt werden: das Erkenntnisvermögen, das Gefühl der Lust und Unlust und das Begehrungsvermögen.

Die Vernunft wird durch einen Hang ihrer Natur getrieben, über den Erfahrungsgebrauch hinauszugehen, sich in einem reinen Gebrauche und mittels bloßer Ideen zu den äußersten Grenzen aller Erkenntnis hinauszuwagen und nur allererst in der Vollendung ihres Kreises, in einem für sich bestehenden systematischen Ganzen Ruhe zu finden.

Nur der Mensch, der sich durch Vernunft seine

Zwecke selbst bestimmen kann, dieser Mensch ist also eines Ideals der Schönheit, so wie des Ideals der Vollkommenheit unter allem in der Welt allein fähig.

Ich bin so weit entfernt, die Metaphysik für gering oder entbehrlich zu halten, daß ich vornehmlich seit einiger Zeit, nachdem ich glaube ihre Natur und die ihr unter den menschlichen Erkenntnissen eigentümliche Stelle einzusehen, überzeugt bin, daß sogar das wahre und dauerhafte Wohl des menschlichen Geschlechts auf sie ankomme.

Metaphysik ist vielleicht mehr wie irgendeine andere Wissenschaft durch die Natur selbst in uns gelegt.

Metaphysik: „Sie ist die Wissenschaft, von der Erkenntnis des Sinnlichen zu der des Übersinnlichen durch die Vernunft fortzuschreiten."

Der Philosoph muß also bestimmen können, erstens:

die Quellen des menschlichen Wissens; zweitens: den Umfang des Wissens, und endlich drittens: die Grenzen der Vernunft. Das letztere ist das nötigste, aber auch das schwerste.

Philosophie ist für den Menschen Bestrebung zur Weisheit, die jederzeit unvollendet ist.

Ich kann einen anderen niemals überzeugen als durch seine eigenen Gedanken. Ich muß also voraussetzen, der andere habe einen guten und richtigen Verstand, sonst ist es vergeblich zu hoffen, er werde durch meine Gründe gewonnen werden können. Ebenso kann ich niemanden moralisch rühren als durch seine eigenen Empfindungen, ich muß also voraussetzen, der andere habe eine gewisse Güte des Herzens, sonst wird er bei meiner Schilderung des Lasters niemals Abscheu und bei meiner Anpreisung der Tugend niemals eine Triebfeder dazu in sich fühlen.

Ich kann niemanden besser machen als durch den Rest des Guten, das in ihm ist, ich kann niemanden klüger machen als durch den Rest der Klugheit, die in ihm ist.

Für die Klasse der Denker können folgende Maximen zu unwandelbaren Geboten gemacht werden. Erstens: Selbst denken. Zweitens: Sich in der Mitteilung mit Menschen in die Stelle jedes anderen zu denken. Drittens: Jederzeit mit sich selbst einstimmig zu denken.

Der eigentümliche Grundsatz der Vernunft ist: zu der bedingten Erkenntnis des Verstandes das Unbedingte zu finden, womit die Einheit desselben vollendet wird.

Selbstdenken heißt: den obersten Probierstein der Wahrheit in sich selbst, das ist, in seiner eigenen Vernunft, suchen; und die Maxime, jederzeit selbst zu denken, ist die Aufklärung.

Aufklärung ist der Ausgang des Menschen aus seiner selbstverschuldeten Unmündigkeit. Unmündigkeit ist das Unvermögen, sich seines Verstandes ohne Leitung eines anderen zu bedienen. Selbstverschuldet ist diese Unmündigkeit, wenn die Ursache derselben nicht am Mangel des Verstandes, sondern der Entschließung und des Mutes liegt, sich seiner ohne Leitung eines anderen zu bedienen. Sapere aude! Habe Mut, dich deines eigenen Verstandes zu bedienen! ist also der Wahlspruch der Aufklärung.

Faulheit und Feigheit sind die Ursachen, warum ein so großer Teil der Menschen, nachdem sie die Natur längst von fremder Leitung freigesprochen, dennoch gern zeitlebens unmündig bleiben und warum es anderen so leicht wird, sich zu deren Vormündern aufzuwerfen. Es ist so bequem, unmündig zu sein.

Das Meditieren muß alles Lesen und Lernen begleiten. Unter Meditieren ist Nachdenken oder ein methodisches Denken zu verstehen.

Es ist besser wenig, aber dieses Wenige gründlich zu wissen, als viel und obenhin.

Es ist schon ein großer und nötiger Beweis der Klugheit oder Einsicht, zu wissen, was man vernünftigerweise fragen soll.

Es ist niemals zu spät, vernünftig und weise zu werden; es ist aber schwerer, wenn die Einsicht spät kommt.

Niemand entwächst der Schule der Weisheit.

DEINE GRENZE

Das Land des Verstandes ist eine Insel und durch die Natur selbst in unveränderliche Grenzen eingeschlossen. Es ist das Land der Wahrheit, umgeben von einem weiten und stürmischen Ozean, dem eigentlichen Sitz des Scheins, wo manche Nebelbank und manches bald wegschmelzende Eis neue Länder lügt und, indem es den auf Entdeckungen herumschwärmenden Seefahrer unaufhörlich mit leeren Hoffnungen täuscht, ihn in Abenteuer verflicht, von denen er niemals ablassen und sie doch auch niemals zu Ende bringen kann.

Ich werde dartun: daß die Vernunft vergeblich ihre Flügel ausspannt, um über die Sinnnenwelt durch die bloße Macht der Spekulation hinaus zu kommen.

Es gibt ein unzugängliches Feld für unser gesamtes Erkenntnisvermögen, nämlich das Feld des Übersinnlichen, worin wir keinen Boden für uns finden.

Für das Dasein einer Gottheit oder der Seele ist schlechterdings kein theoretischer Beweis für die menschliche Vernunft möglich. Und dies aus dem ganz begreiflichen Grunde: weil zur Bestimmung des Übersinnlichen für uns gar kein Stoff da ist. Müßten wir ihn doch von Dingen der Sinnenwelt hernehmen, denen er aber nicht angemessen ist.

Der da sagt, daß ein Gott sei, sagt mehr, als er weiß, und der das Gegenteil sagt, desgleichen.

Es ergibt sich daraus, daß wir nie über die Grenze möglicher Erfahrung hinauskommen können.

Der Umfang der theoretischen Erkenntnis erstreckt sich nicht weiter als auf Gegenstände der Sinne.

Alle menschliche Einsicht ist zuende, sobald wir zu Grundkräften oder Grundvermögen gelangt sind.

Wir werden also nicht ausweichen können, daß

wir über die engen Schranken unserer Vernunft Klagen erheben und mit dem Scheine einer demutsvollen Selbsterkenntnis bekennen: es sei über unsere Vernunft, auszumachen, ob die Welt von Ewigkeit her sei, oder einen Anfang habe; endlich, ob es irgendein gänzlich unbedingtes und an sich notwendiges Wesen gebe ...

Simonides ist noch immer ein Weiser, der nach vielfältiger Zögerung und Aufschub seinem Fürsten die Antwort gab: je mehr ich über Gott nachsinne, desto weniger vermag ich ihn einzusehen.

Metaphysik ist ein uferloses Meer, in welchem der Fortschritt keine Spur hinterläßt, und dessen Horizont kein sichtbares Ziel enthält, an dem wahrgenommen werden könnte, um wieviel man sich ihm genähert habe.

Und doch ist Metaphysik die eigentliche, wahre Philosophie!

Gegenstände der Sinne können wir nie anders erkennen als bloß, wie sie uns erscheinen, nicht nach dem, was sie an sich selbst sind.

Wir wollen sagen: daß alle unsere Anschauung nichts als die Vorstellung von Erscheinungen sei: daß die Dinge, die wir anschauen, nicht das an sich selbst sind. Die Sinnenwelt enthält bloß Erscheinungen, doch nicht Dinge an sich selbst.

Sogar sich selbst darf der Mensch sich nicht anmaßen zu erkennen, wie er an sich selbst sei. Denn da er doch sich selbst nicht gleichsam schafft, so ist natürlich, daß er auch von sich durch den inneren Sinn und folglich nur durch die Erscheinung seiner Natur Kundschaft einziehen könne.

Der Satz aller echten Idealisten, von der eleatischen Schule an bis zu Bischof Berkeley, ist in dieser Formel enthalten: „Alle Erkenntnis durch Sinne und Erfahrung ist nichts als lauter Schein, und nur in den Ideen des reinen Verstandes und der Vernunft ist Wahrheit."
Der Grundsatz, der meinen Idealismus durchgängig

regiert und bestimmt, ist dagegen: „Alle Erkenntnis von Dingen aus bloßem reinen Verstande oder reiner Vernunft ist nichts als lauter Schein, und nur in der Erfahrung ist Wahrheit."
Das ist ja aber gerade das Gegenteil von jenem eigentlichen Idealismus ... Mein sogenannter, eigentlich kritischer Idealismus ist also von ganz eigentümlicher Art, nämlich so, daß er den gewöhnlichen umstürzt...

Jene transzendentalen Fragen, die über die Natur hinausgehen, würden wir niemals beantworten können, wenn uns auch die ganze Natur aufgedeckt wäre, da es uns nicht einmal gegeben ist, unser eigenes Gemüt mit einer andern Anschauung als der unseres inneren Sinnes zu beobachten.

Wir können von der Natur übersinnlicher Gegenstände: Gottes, unserer eigenen Freiheit und der unserer Seele theoretisch gar nichts erkennen.

Wir wissen durch die Kritik unserer Vernunft so viel: daß wir in ihrem reinen und spekulativen Gebrauche in der Tat gar nichts wissen können.

Nun bleibt uns aber immer noch übrig — nachdem der spekulativen Vernunft alles Fortkommen in diesem Feld des Übersinnlichen abgesprochen worden — zu versuchen, ob sich nicht in ihrer praktischen Erkenntnis Data finden, jenen transzendenten Vernunftbegriff des Unbedingten zu bestimmen, und auf solche Weise, dem Wunsche der Metaphysik gemäß, über die Grenze aller möglichen Erfahrung hinaus zu gelangen.
Und bei einem solchen Verfahren hat uns die spekulative Vernunft zu solcher Erweiterung immer doch wenigstens Platz verschafft, wenn sie ihn gleich leer lassen mußte, und es bleibt uns also noch unbenommen, ja wir sind geradezu durch sie aufgefordert, ihn durch praktische Data, wenn wir können, auszufüllen.

Es gibt keinen theoretischen Glauben an das Übersinnliche.
In praktischer Bedeutung aber ist ein Glaube an das Übersinnliche nicht allein möglich, sondern er ist sogar mit dieser unzertrennlich verbunden. Denn die Summe der Moralität in mir ist dennoch mit unverkennbarer Wahrheit und Autorität gegeben, welche aber einen Zweck gebietet, der, ohne

eine darauf hinwirkende Macht eines Weltherrschers, durch meine Kräfte allein unausführbar ist.

Es wird sich zeigen, daß doch, im praktischen Gebrauch, die Vernunft ein Recht habe, etwas anzunehmen, was sie auf keine Weise im Felde der bloßen Spekulation ohne hinreichende Beweisgründe vorauszusetzen befugt wäre.

Der Pflichtimperativ für den Menschen beweist die Freiheit desselben und ist zugleich ein Hinweis auf die Idee von Gott.

In allen Grenzen ist auch etwas Positives.

Diesem Dienste der Kritik den positiven Nutzen abzusprechen, wäre ebensoviel, als sagen, daß Polizei keinen positiven Nutzen schaffe, weil ihr Hauptgeschäft doch nur ist, der Gewalttätigkeit einen Riegel vorzuschieben, damit ein jeder seine Angelegenheit ruhig und sicher treiben könne.

Zur Festigung des Glaubens gehört das Bewußtsein seiner Unveränderlichkeit. Nun kann ich völlig gewiß sein, daß mir niemand den Satz: Es ist ein Gott, werde widerlegen können; denn wo will er diese Einsicht hernehmen?

Ich mußte also das Wissen aufheben, um zum Glauben Platz zu bekommen.

Ich kann Gott, Freiheit und Unsterblichkeit zum notwendigen praktischen Gebrauch meiner Vernunft nicht einmal annehmen, wenn ich nicht der spekulativen Vernunft zugleich ihre Anmaßung überschwenglicher Einsichten benehme.

Wenngleich die Metaphysik nicht die Grundfeste der Religion sein kann, so muß sie doch jederzeit als die Schutzwehr derselben bestehen bleiben.

Es bleibt noch genug übrig, um die vor der schärfsten Vernunft gerechtfertigte Sprache eines festen Glaubens zu sprechen, wenn ihr gleich die des Wissens habt aufgeben müssen.

Die transzendentalen Ideen dienen wenngleich nicht dazu, uns positiv zu belehren, doch dazu, die frechen und das Feld der Vernunft verengenden Behauptungen des Materialismus, Naturalismus und Fatalismus aufzuheben.

Wo will der angebliche Freigeist seine Kenntnisse hernehmen, daß es zum Beispiel kein höchstes Wesen gebe? Dieser Satz liegt außerhalb dem Felde möglicher Erfahrung und darum auch außer den Grenzen aller menschlichen Einsicht.

Wenn ich höre, daß ein nicht gemeiner Kopf die Freiheit des menschlichen Willens, die Hoffnung eines künftigen Lebens und das Dasein Gottes wegdemonstriert haben sollte, so bin ich begierig, das Buch zu lesen.

Wenn die menschliche Natur zum höchsten Gute zu streben bestimmt ist, so muß auch das Maß ihres Erkenntnisvermögens zu diesem Zwecke dienlich angenommen werden. Nun beweist aber die Kritik der reinen spekulativen Vernunft die größte

Unzulänglichkeit derselben. Also scheint die Natur hier uns nur stiefmütterlich mit einem zu unserem Zwecke benötigten Vermögen versorgt zu haben.

Gesetzt nun, sie wäre hierin unserem Wunsche willfährig gewesen, und hätte uns diejenige Einsichtsfähigkeit oder Erleuchtung erteilt, die wir gerne besitzen möchten, was würde allem Ansehen nach wohl die Folge sein? Statt des Streits, den jetzt die moralische Gesinnung mit den Neigungen zu führen hat, in welchem, nach einigen Niederlagen, doch allmählich moralische Stärke der Seele zu erwerben ist, würden Gott und Ewigkeit mit ihrer furchtbaren Majestät uns unablässig vor Augen liegen.

Das Verhalten der Menschen, so lange ihre Natur bliebe wie sie jetzt ist, würde also in einen bloßen Mechanismus verwandelt werden, wo, wie im Marionettenspiel, alles gut gestikulieren, aber in den Figuren doch kein Leben anzutreffen sein würde. Nun, da es mit uns ganz anders beschaffen ist, da wir mit aller Anstrengung unserer Vernunft nur eine sehr dunkle und zweideutige Aussicht in die Zukunft haben, der Weltregierer uns sein Dasein und seine Herrlichkeit nur mutmaßen, nicht erblicken oder klar beweisen läßt, dagegen das moralische Gesetz in uns, ohne uns etwas mit Sicherheit zu verheißen oder zu drohen, von uns uneigennützige Achtung fordert, so kann wahrhafte sittliche, dem Gesetz unmittelbar geweihte Gesinnung stattfinden und das vernünftige Geschöpf des Anteils am höchsten Gute würdig werden. Also möchte es auch hier wohl damit seine Richtigkeit haben, was uns das Studium der Natur und des Menschen sonst hinreichend lehrt: daß die unerforschliche Weisheit, durch die wir existieren, nicht minder verehrungswürdig ist in dem, was sie uns versagte, als in dem, was sie uns zuteil werden ließ.

Die Weigerung unserer Vernunft, den neugierigen, über dieses Leben hinausreichenden Fragen befriedigende Antwort zu geben, ist als ein Wink derselben anzusehen, unsere Selbsterkenntnis von der fruchtlosen überschwenglichen Spekulation zum fruchtbaren praktischen Gebrauche zuzuwenden; welcher, wenn er gleich auch nur immer auf Gegenstände der Erfahrung gerichtet ist, seine Prinzipien doch höher hernimmt und das Verhalten so bestimmt, als ob unsere Bestimmung unendlich weit über die Erfahrung, mithin über dieses Leben, hinausreiche.

Aus dem ganzen Verlauf unserer Kritik wird man sich hinlänglich überzeugt haben: daß die menschliche Vernunft eine solche Wissenschaft niemals entbehren könne, die sie zügelt und durch eine völlig einleuchtende Selbsterkenntnis die zahllosen Verwüstungen abhält, welche eine gesetzlose spekulative Vernunft sonst ganz unfehlbar in der Moral sowohl als in der Religion anrichten würde.

Daß wir von übersinnlichen Dingen gar keine Erkenntnis haben können, will nicht mehr sagen, als alle orthodoxen Theologen jederzeit gesagt haben: nämlich, daß Gott einen unendlichen Verstand, einen heiligen und gütigen und gerechten Willen und die höchste Vollkommenheit habe.
Sein Erkenntnisvermögen ist nicht ein Vermögen zu denken, auch nicht ein Vermögen der Anschauung, wie wir davon Kenntnis haben.
Sein Wille ist nicht wie ein Begehren, welches ein Interesse an dem nimmt, was wir begehren. Sein Dasein ist nicht ein Dasein zu aller Zeit, aber doch hat es eine unbeschränkte Größe.
Seine Macht ist in allen Dingen gegenwärtig, und sie sind bloß durch ihn da ...

Welch eine unzählige Menge Blumen und Insekten zerstört ein einziger kalter Tag; aber wie wenig vermißt man sie, unerachtet es herrliche Kunstwerke der Natur und Beweistümer der göttlichen Allmacht sind! An einem andern Orte wird dieser Abgang mit Überfluß wiederum ersetzt.

Die Unendlichkeit der Schöpfung ist groß genug, um eine Welt oder eine Milchstraße von Welten gegen sie anzusehen, wie man eine Blume oder ein Insekt in Vergleichung gegen die Erde ansieht.

Ich, der ich aus der Schwäche meiner Einsicht kein Geheimnis mache, nach welcher ich gemeiniglich das am wenigsten begreife, was alle Menschen leicht zu verstehen glauben . . .

Alle Aufgaben auflösen und alle Fragen beantworten zu wollen, würde eine unverschämte Großsprecherei und ein so ausschweifender Eigendünkel sein, daß man dadurch sich sofort um alles Zutrauen bringen müßte.

DEINE AUFGABE

Erkenne dich selbst: in Beziehung auf deine Pflicht, — dein Herz — ob es gut oder böse sei, ob die Quelle deiner Handlungen lauter oder unlauter.

Die moralische Selbsterkenntnis, die in die schwerer zu ergründenden Tiefen des Herzens zu dringen verlangt, ist aller menschlichen Weisheit Anfang.

Die größte Angelegenheit des Menschen ist, zu wissen, wie er seine Stelle in der Schöpfung gehörig erfülle und recht verstehe, was man sein muß, um ein Mensch zu sein.

Es gibt eine Erkenntnis, die jedem, auch dem einfältigsten Menschen so nahe liegt, als ob sie ihm buchstäblich ins Herz geschrieben wäre: ein Gesetz, das man nur nennen muß, um sich über sein Ansehen mit jedem sofort einzuverstehen, nämlich das der Moralität.

Handle so, daß die Maxime deines Willens jederzeit zugleich als Prinzip einer allgemeinen Gesetzgebung gelten könne.

Man muß wollen können, daß eine Maxime unserer Handlung ein allgemeines Gesetz werde: dies ist der Kanon der moralischen Beurteilung überhaupt.

Wäre dieses Gesetz nicht in uns gegeben, wir würden es durch keine Vernunft herausklügeln.

Wenn man aber fragt: was denn eigentlich die reine Sittlichkeit ist, an der man jeder Handlung moralischen Gehalt prüfen müsse, so muß ich gestehen, daß nur Philosophen die Entscheidung dieser Frage zweifelhaft machen können; denn in der gemeinen Menschenvernunft ist sie durch den gewöhnlichen Gebrauch, gleichsam als der Unterschied zwischen der rechten und linken Hand, längst entschieden.

Der Mensch hat sehr früh eine Empfindung von dem, was recht ist.

Der Gerichtshof ist im Innern des Menschen aufgeschlagen.

Ein irrendes Gewissen ist ein Unding.

Ohne moralisches Gefühl ist kein Mensch.

Ein Mensch mag künsteln soviel er will, um sich ein gesetzwidriges Betragen, dessen er sich erinnert, als unvorsätzliches Versehen vorzumalen, als bloße Unbehutsamkeit, die man niemals gänzlich vermeiden kann, folglich als etwas, worin er vom Strom der Naturnotwendigkeit fortgerissen wäre, und sich darüber für schuldfrei zu erklären, so findet er doch, daß der Advokat, der zu seinem Vorteil spricht, den Ankläger in ihm keineswegs zum Verstummen bringen könne.

Gewissenlosigkeit ist nicht Mangel des Gewissens, sondern der Hang, sich an dessen Urteil nicht zu kehren.

Der Mensch billigt das Böse in sich nie, und so gibt es eigentlich keine Bosheit aus Grundsätzen, sondern nur aus Verlassung derselben.

Hat der Mensch sich unbedachtsamer Weise gegen seine Pflicht vergangen, wodurch er doch eben nicht Menschen verantwortlich geworden ist, so werden die strengen Selbstverweise dennoch eine Sprache in ihm führen, als ob sie die Stimme eines Richters wären, dem er darüber Rechenschaft abzulegen hätte ...

Jeder Mensch hat Gewissen und findet sich durch einen inneren Richter beobachtet.
Er kann sich zwar durch Lust und Zerstreuun-

gen betäuben oder in Schlaf bringen, aber nicht vermeiden dann und wann zu sich selbst zu kommen oder zu erwachen, wo er dann die furchtbare Stimme desselben vernimmt. Er kann es in seiner äußersten Verworfenheit allenfalls dahin bringen, sich daran gar nicht mehr zu kehren, aber sie zu hören, kann er nicht vermeiden.

Unerfahren in Ansehung des Weltlaufs, unfähig, auf alle sich ereignenden Vorfälle desselben gefaßt zu sein, frage ich mich nur: kannst du auch wollen, daß deine Maxime ein allgemeines Gesetz werde? Wo nicht, so ist sie verwerflich. Und das nicht um eines dir oder auch anderen daraus bevorstehenden Nachteils willen, sondern weil sie nicht als Prinzip in eine mögliche allgemeine Gesetzgebung passen kann.

Jeder ist verbunden, die Würde der Menschheit an jedem anderen Menschen anzuerkennen.

Handle so, daß du die Menschheit sowohl in deiner Person, als in der Person eines jeden anderen jederzeit zugleich als Zweck, niemals bloß als Mittel brauchst.

Das moralische Gesetz ist heilig. Der Mensch ist zwar unheilig genug, aber die Menschheit in seiner Person muß ihm heilig sein.
In der ganzen Schöpfung kann alles, was man will und worüber man etwas vermag, auch bloß als Mittel gebraucht werden: nur der Mensch und mit ihm jedes vernünftige Geschöpf ist Zweck an sich selbst.

Das moralische Gesetz ist ein Faktum, das vor allem Vernünfteln über seine Möglichkeit und vor allen Folgerungen, die daraus zu ziehen sein möchten, vorhergeht.

Das moralische Gesetz ist für den Willen jedes endlichen vernünftigen Wesens ein Gesetz der Pflicht.

Die Pflicht gegen sich selbst besteht darin, daß der Mensch die Würde der Menschheit in seiner eigenen Person bewahre.

Wenn es mit dem bloßen Wunsche ausgerichtet wäre, so würde jeder Mensch gut sein.

Pflicht soll unbedingte Notwendigkeit der Handlung sein; sie muß also für alle vernünftigen Wesen gelten.

Pflicht ist die Notwendigkeit einer Handlung aus Achtung fürs Gesetz.

Dem kategorischen Gebote der Sittlichkeit Genüge zu leisten, ist in jedes Gewalt zu aller Zeit.

Man darf sich bei Vergehungen wider die Redlichkeit niemals auf die Schwäche der menschlichen Natur berufen: denn hierin kann man vollkommen sein.

Neigung ist blind und knechtisch, sie mag nun gutartig sein oder nicht.

Neigungen wechseln, wachsen mit der Begünstigung, die man ihnen widerfahren läßt, und lassen immer eine noch größere Leere übrig, als man auszufüllen gedacht hat. Daher sind sie einem vernünftigen Wesen jederzeit lästig, und wenn es sie gleich nicht abzulegen vermag, so nötigen sie ihm doch den Wunsch ab, ihrer entledigt zu sein.

Die reine Vorstellung der Pflicht und überhaupt des sittlichen Gesetzes hat auf das menschliche Herz durch den Weg der Vernunft allein einen so viel mächtigeren Einfluß als alle anderen Triebfedern, daß sie im Bewußtsein ihrer Würde die letzteren verachtet und nach und nach ihrer Meister werden kann.

Gutes tun und Böses unterlassen ist beides moralisch gut, also in der Moralität ganz einerlei; wir können also die Unterlassungen des Gegenteils wie Handlungen ansehen.

Philosophie ist das, was schon ihr Name anzeigt: Weisheitsforschung.
Weisheit aber ist die Zusammenstimmung des Wil-

lens zum Endzweck, dem höchsten Gut. Und da dieses, soferne es erreichbar ist, auch Pflicht ist und umgekehrt, wenn es Pflicht ist, auch erreichbar sein muß, ein solches Gesetz der Handlungen aber moralisch heißt: so wird Weisheit für den Menschen nichts anderes, als das innere Prinzip des Willens der Befolgung moralischer Gesetze sein.

Wenn das moralische Gesetz gebietet, wir sollen bessere Menschen sein, so folgt unumgänglich: wir müssen es auch können.

Der praktische Begriff der Freiheit hat in der Tat mit dem spekulativen, der den Metaphysikern gänzlich überlassen bleibt, gar nichts zu tun. Denn woher mir ursprünglich der Zustand, in welchem ich jetzt handeln soll, gekommen sei, kann mir ganz gleichgültig sein; ich frage nur, was ich nun zu tun habe. Und da ist die Freiheit eine notwendige praktische Voraussetzung und eine Idee, unter der ich allein Gebote der Vernunft als gültig ansehen kann.
Selbst der hartnäckigste Skeptiker gesteht, daß, wenn es zum Handeln kommt, alle sophistischen

Bedenklichkeiten wegen eines allgemein-täuschenden Scheins wegfallen müssen. Ebenso muß der entschlossenste Fatalist, solange er sich der bloßen Spekulation ergibt, dennoch, sobald es ihm um Weisheit und Pflicht zu tun ist, jederzeit so handeln, als ob er frei wäre.

Und diese Idee bringt auch wirklich die damit einstimmige Tat hervor und kann sie auch allein hervorbringen.

Freiheit ist eine bloße Idee, die auf keine Weise nach Naturgesetzen, mithin auch nicht in irgendeiner möglichen Erfahrung, dargetan werden kann, die also, weil ihr selbst niemals ein Beispiel unterlegt werden mag, niemals begriffen oder auch nur eingesehen werden kann. Sie gilt nur als notwendige Voraussetzung der Vernunft in einem Wesen, das sich eines freien Willens bewußt zu sein glaubt.

Wo aber Bestimmung nach Naturgesetzen aufhört, da hört auch alle Erklärung auf, und es bleibt nichts übrig als Verteidigung, das ist Abtreibung der Einwürfe derer, die tiefer in das Wesen der Dinge geschaut zu haben vorgeben und darum die Freiheit dreist für unmöglich erklären.

Der Begriff der Freiheit ist ein reiner Vernunftbegriff und eben darum für die theoretische Philosophie transzendent, das ist ein solcher, für den kein angemessenes Beispiel in irgendeiner möglichen Erfahrung gegeben werden kann. Er ist also kein Gegenstand einer uns möglichen theoretischen Erkenntnis.

Es gibt etwas in der menschlichen Vernunft, das uns durch keine Erfahrung bekannt gemacht werden kann und doch seine Realität und Wahrheit in Wirkungen beweist, die in der Erfahrung sichtbar werden. Dies ist der Begriff der Freiheit und das Gesetz des kategorischen, schlechthin gebietenden Imperativs.

Durch dieses bekommen Ideen, die für die bloß spekulative Vernunft völlig leer sein würden, eine obzwar nur moralisch-praktische Realität: nämlich uns so zu verhalten, als ob ihre Gegenstände, Gott und Unsterblichkeit, die man also in jener praktischen Rücksicht postulieren darf, gegeben wären.

Diese Philosophie eröffnet die Aussicht zu einem ewigen Frieden unter den Philosophen, durch die Ohnmacht der theoretischen Beweise des Gegenteils einerseits, und durch die Stärke der praktischen Gründe ihrer Prinzipien andererseits.

Ein jedes Wesen, das nicht anders als unter der Idee der Freiheit handeln kann, ist eben darum in praktischer Rücksicht wirklich frei. Das heißt, es gelten für dasselbe alle Gesetze, die mit der Freiheit unzertrennlich verbunden sind ebenso, als ob sein Wille auch an sich selbst und in der theoretischen Philosophie gültig für frei erklärt würde.

Nehmt an, daß jemand von seiner wollüstigen Neigung vorgibt, sie sei für ihn ganz unwiderstehlich, wenn ihm der geliebte Gegenstand und die Gelegenheit kämen: ob er nicht seine Neigung bezwingen würde, wenn ein Galgen vor dem Hause, da er diese Gelegenheit trifft, aufgerichtet wäre, um ihn sogleich nach genossener Wollust daranzuknüpfen. Man muß nicht lange raten, was er antworten würde. Fragt ihn aber, ob, wenn sein Fürst ihm unter Androhung derselben unverzögerten Todesstrafe zumutete, ein falsches Zeugnis wider einen ehrlichen Mann abzulegen, den dieser gerne unter scheinbaren Vorwänden verderben möchte, ob er da, so groß auch seine Liebe zum Leben sein mag, sie wohl zu überwinden für möglich halte. Ob er es tun würde oder nicht, wird er vielleicht sich nicht getrauen zu versichern; daß es ihm aber möglich sei, muß er ohne Bedenken einräumen. Er urteilt also, daß er etwas kann, weil er sich bewußt ist, daß er es soll, und er erkennt in sich die Freiheit, die ihm sonst ohne das moralische Gesetz unbekannt geblieben wäre.

Daß der Begriff der Freiheit durch das Bewußtsein des moralischen Gesetzes in uns als ein unbedingtes Gebot geschlossen werde, davon kann man sich bald überzeugen, wenn man sich fragt: ob man gewiß sei, jede noch so große Triebfeder zur Übertretung durch festen Vorsatz überwältigen zu können. Jedermann wird gestehen müssen: er wisse nicht, ob, wenn ein solcher Fall einträte, er nicht in seinem Vorsatz wanken würde. Gleichwohl aber gebietet ihm die Pflicht: er solle ihm treu bleiben; und hieraus schließt er mit Recht: er müsse es auch können, und sein Wille sei also frei.

Es bleibt merkwürdig, daß unter den drei reinen Vernunftideen, Gott, Freiheit und Unsterblichkeit, die der Freiheit der einzige Begriff des Übersinnlichen ist, welcher seine objektive Realtät an der Natur, durch ihre in derselben mögliche Wirkung beweist. Und daß wir also in uns ein Prinzip haben, welches die Idee des Übersinnlichen in uns, dadurch aber auch die desselben außer uns zu bestimmen imstande ist, woran die bloß spekulative Philosophie verzweifeln mußte: mithin kann der Freiheitsbegriff die Vernunft über diejenigen Grenzen erweitern, innerhalb deren jeder Naturbegriff ohne Hoffnung eingeschränkt bleiben müßte.

Der einzige Begriff der Freiheit verstattet es, daß wir nicht außer uns hinausgehen müssen, um das Unbedingte zu finden. So läßt sich begreifen, warum in dem ganzen Vernunftvermögen nur das Praktische dasjenige sein könne, welches uns über die Sinnenwelt hinaushilft und Erkenntnisse von einer übersinnlichen Ordnung und Verknüpfung verschafft.

Daß der Mensch sich bewußt ist, er könne dieses, weil er es soll: das eröffnet in ihm eine Tiefe göttlicher Anlagen, die ihn gleichsam einen heiligen

Schauer über die Größe und Erhabenheit seiner wahren Bestimmung fühlen läßt.

Wenn der Mensch darauf aufmerksam gemacht wird, daß alle Übel, Drangsale und Leiden des Lebens, selbst Bedrohung mit dem Tode, die ihn darüber, daß er seiner Pflicht treu gehorcht, treffen mögen, ihm doch das Bewußtsein, über sie alle erhoben und Meister zu sein, nicht rauben können, so liegt ihm nun die Frage ganz nahe: was ist das in dir, das sich getrauen darf, mit allen Kräften der Natur in dir und um dich in Kampf zu treten und sie, wenn sie mit deinen sittlichen Grundsätzen in Streit kommen, zu besiegen? Wenn diese Frage, deren Auflösung das Vermögen der spekulativen Vernunft gänzlich übersteigt und die sich dennoch von selbst einstellt, ans Herz gelegt wird, so muß selbst die Unbegreiflichkeit in dieser Selbsterkenntnis der Seele eine Erhebung geben, die sie zum Heilighalten ihrer Pflicht nur desto stärker belebt, je mehr sie angefochten wird.

Es ist etwas in uns, das zu bewundern wir niemals aufhören können, wenn wir es einmal ins Auge gefaßt haben, und dies ist zugleich dasjenige, was die Menschheit in der Idee zu einer Würde erhebt, die man am Menschen als Gegenstand der Erfahrung nicht vermuten sollte. Daß wir den moralischen Gesetzen unterworfene und zu deren Beobachtung selbst mit Aufopferung aller ihnen widerstreitenden Lebensannehmlichkeiten durch unsere Vernunft bestimmte Wesen sind, darüber wundert man sich nicht. Aber daß wir auch das Vermögen dazu haben, der Moral mit unserer sinnlichen Natur so große Opfer zu bringen, daß wir das auch können, wovon wir ganz leicht und klar begreifen, daß wir es sollen, diese Überlegenheit des übersinnlichen Menschen in uns über den sinnlichen, diese moralische, von der Menschheit unzertrennliche Anlage in uns, ist ein Gegenstand der höchsten Bewunderung.

Zwei Dinge erfüllen das Gemüt mit immer neuer und zunehmender Bewunderung und Ehrfurcht, je öfter und anhaltender sich das Nachdenken damit beschäftigt: der bestirnte Himmel über mir und das moralische Gesetz in mir.
Beide muß ich nicht als in Dunkelheiten verhüllt, oder im Überschwenglichen, außer meinem Ge-

sichtskreise suchen und bloß vermuten; ich sehe sie vor mir und verknüpfe sie unmittelbar mit dem Bewußtsein meiner Existenz. Das erste fängt von dem Platze an, den ich in der äußeren Sinnenwelt einnehme, und erweitert die Verknüpfung, darin ich stehe, ins unabsehlich Große mit Welten über Welten und Systemen von Systemen, überdem noch in grenzenlose Zeiten ihrer periodischen Bewegung, deren Anfang und Fortdauer. Das zweite fängt von meinem unsichtbaren Selbst, meiner Persönlichkeit an und stellt mich in einer Welt dar, die wahre Unendlichkeit hat, und mit welcher ich mich nicht in bloß zufälliger, sondern allgemeiner und notwendiger Verknüpfung erkenne. Der erstere Anblick einer zahllosen Weltenmenge vernichtet gleichsam meine Wichtigkeit als eines tierischen Geschöpfs, das die Materie, daraus es ward, dem Planeten, einem bloßen Punkt im Weltall, wieder zurückgeben muß, nachdem es eine kurze Zeit, man weiß nicht wie, mit Lebenskraft versehen gewesen.

Der zweite erhebt dagegen meinen Wert unendlich durch meine Persönlichkeit, in welcher das moralische Gesetz mir ein von der Tierheit und selbst von der ganzen Sinnenwelt unabhängiges Leben offenbart.

Eines ist in unserer Seele, welches, wenn wir es gehörig ins Auge fassen, wir nicht aufhören können mit der höchsten Bewunderung zu betrachten, und wo die Bewunderung rechtmäßig, zugleich auch seelenerhebend ist; und das ist: die ursprüngliche moralische Anlage in uns.

Hat nicht jeder auch nur mittelmäßig ehrliche Mann bisweilen gefunden, daß er eine sonst unschädliche Lüge, durch die er sich entweder selbst aus einem verdrießlichen Handel ziehen oder wohl gar einem geliebten und verdienstvollen Freunde Nutzen schaffen konnte, bloß darum unterließ, um sich in seinen eigenen Augen nicht verachten zu dürfen? Hält nicht einen rechtschaffenen Mann im größten Unglück des Lebens, das er vermeiden konnte, wenn er sich nur hätte über die Pflicht hinwegsetzen können, noch das Bewußtsein aufrecht, daß er die Menschheit in seiner Person doch in ihrer Würde erhalten und geehrt habe, daß er sich nicht vor sich selbst zu schämen und den inneren Anblick der Selbstprüfung zu scheuen Ursache habe? Dieser Trost ist nicht Glückseligkeit, auch nicht der mindeste Teil derselben. Denn niemand wird sich die Gelegenheit dazu, auch vielleicht nicht einmal ein Leben in solchen Umständen wünschen. Aber er lebt und kann es nicht erdulden, in seinen eigenen Augen des Lebens unwürdig zu sein. Diese innere Beruhigung ist also die Wirkung von einer Achtung für etwas ganz anderes, als das Leben . . .

Jeder Mensch findet in seiner Vernunft die Idee der Pflicht und zittert beim Anhören ihrer ehernen Stimme, wenn sich in ihm Neigungen regen, die ihn zum Ungehorsam gegen sie versuchen. Er ist überzeugt: daß, wenn auch die letzteren insgesamt vereinigt sich gegen ihn verschwören, die Majestät des Gesetzes, welches ihm seine eigene Vernunft vorschreibt, sie doch alle unbedenklich überwiegen müsse, und sein Wille also auch dazu imstande sei.

Nun stelle ich den Menschen auf, wie er sich selbst fragt: Was ist das in mir, welches macht, daß ich die innigsten Anlockungen meiner Triebe und alle Wünsche, die aus meiner Natur hervorgehen, einem Gesetze aufopfern kann, welches mir keinen Vorteil zum Ersatz verspricht und keinen Verlust bei Übertretung desselben androht? Ja, das ich nur um desto inniglicher verehre, je strenger es gebietet

und je weniger es dafür anbietet? Diese Frage regt durch das Erstaunen über die Größe und Erhabenheit der inneren Anlage in der Menschheit und zugleich die Undurchdringlichkeit des Geheimnisses, welches sie verhüllt, die ganze Seele auf. Man kann nicht satt werden, sein Augenmerk darauf zu richten und in sich selbst eine Macht zu bewundern, die keiner Macht der Natur weicht.
Hier ist nun das, was Archimedes bedurfte, aber nicht fand: ein fester Punkt, woran die Vernunft ihren Hebel ansetzen kann, und zwar, ohne ihn weder an die gegenwärtige noch eine künftige Welt, sondern bloß an ihre innere Idee der Freiheit, die durch das unerschütterliche moralische Gesetz als sichere Grundlage daliegt, anzulegen, um den menschlichen Willen, selbst beim Widerstande der ganzen Natur, durch ihre Grundsätze zu bewegen.

Pflicht! Du erhabener, großer Name, der du nichts Beliebtes, was Einschmeichelung bei sich führt, in dich faßt, sondern Unterwerfung verlangst, doch auch nicht drohst, was natürliche Abneigung im Gemüte erregte und schreckte, um den Willen zu bewegen, sondern bloß ein Gesetz aufstellst, wel-

ches von selbst im Gemüt Eingang findet und doch sich selbst wider Willen Verehrung — wenngleich nicht immer Befolgung — erwirbt, vor dem alle Neigungen verstummen, wenn sie gleich insgeheim ihm entgegenwirken: welches ist der deiner würdige Ursprung? Und wo findet man die Wurzel deiner edlen Abkunft, welche alle Verwandtschaft mit Neigungen stolz ausschlägt, und von welcher Wurzel abzustammen die unnachläßliche Bedingung desjenigen Wertes ist, den sich Menschen allein selbst geben können?
Es kann nichts Minderes sein, als was den Menschen über sich selbst erhebt: ... es ist nicht anderes als die Persönlichkeit, das ist die Freiheit und Unabhängigkeit von dem Mechanismus der ganzen Natur.

Der Geist Gottes ist das, was den moralischen Gesetzen bewegende Kraft gibt, also ein inneres moralisches Leben, das gar nicht nach Naturgesetzen möglich ist. Alles moralisch Gute in uns ist Wirkung des Geistes Gottes.

Diejenigen, welche den Zweck der Schöpfung in

die Ehre Gottes setzen, haben wohl den besten Ausdruck getroffen. Nichts ehrt Gott mehr, als das, was das Schätzbarste in der Welt ist, die Achtung für sein Gebot, die Beobachtung der heiligen Pflicht, die uns sein Gesetz auferlegt.

Wer die Begriffe der Tugend aus Erfahrung schöpfen wollte, der würde aus der Tugend ein nach Zeit und Umständen wandelbares, zu keiner Regel brauchbares zweideutiges Unding machen.

Denn nichts kann Schädlicheres und eines Philosophen Unwürdigeres gefunden werden als die pöbelhafte Berufung auf vorgeblich widerstreitende Erfahrung, die doch gar nicht existieren würde, wenn jene Anstalten zu rechter Zeit nach den Ideen getroffen würden ...

Daß niemals ein Mensch demjenigen adäquat handeln werde, was die reine Idee der Tugend enthält, beweist gar nicht etwas Schimärisches in diesem Gedanken. Denn es ist gleichwohl alles Urteil über den moralischen Wert oder Unwert nur mittels dieser Idee möglich.

Alle Hochpreisungen, die das Ideal der Menschheit in ihrer moralischen Vollkommenheit betreffen, können durch die Beispiele des Widerspiels, durch Beispiele dessen, was die Menschen jetzt sind, gewesen sind oder vermutlich künftig sein werden, an ihrer Realität nichts verlieren.

Für die Natur gibt uns Erfahrung die Regel in die Hand und ist der Quell der Wahrheit. Für die sittlichen Gesetze aber ist Erfahrung leider die Mutter des Scheins, und es ist höchst verwerflich, die Gesetze über das, was ich tun soll, von demjenigen herzunehmen oder dadurch einschränken zu wollen, was getan wird.

Das Wohlwollen, die praktische Menschenliebe, ist aller Menschen Pflicht gegeneinander, man mag diese nun liebenswürdig finden oder nicht, nach dem ethischen Gesetz der Vollkommenheit: Liebe deinen Nebenmenschen wie dich selbst.

Anderen Menschen nach unserem Vermögen wohlzutun ist Pflicht, man mag sie lieben oder nicht, und diese Pflicht verliert nichts an ihrem Gewicht, wenn man gleich die traurige Bemerkung machen müßte, daß unsere Gattung leider dazu nicht geeignet ist, wenn man sie näher kennt.

Wie groß die Kluft, die zwischen der Idee und ihrer Ausführung notwendig übrig bleibt, sein möge, das kann niemand bestimmen.

Heiligkeit des Willens ist eine Idee, welche notwendig zum Urbilde dienen muß, dem sich ins Unendliche zu nähern das einzige ist, was allen endlichen vernünftigen Wesen zusteht, und welches das reine Sittengesetz, das darum selbst heilig heißt, ihnen beständig und richtig vor Augen hält.

Ob es nun gleich niemals zustande kommen mag, so ist die Idee doch ganz richtig, welche dieses Maximum zum Urbilde aufstellt, um die Menschen der möglich größten Vollkommenheit immer näher zu bringen.

Es ist nichts in der Welt, was ohne Einschränkung für gut gehalten werden könnte, als allein ein guter Wille.

Verstand, Witz, Urteilskraft und wie die Talente des Geistes sonst heißen mögen, oder Mut, Entschlossenheit, Beharrlichkeit im Vorsatze als Eigenschaften des Temperaments sind ohne Zweifel in mancher Absicht gut und wünschenswert, aber sie können auch äußerst böse und schädlich werden, wenn der Wille, der von diesen Naturgaben Gebrauch machen soll, und dessen eigentümliche Beschaffenheit darum Charakter heißt, eben nicht gut ist.

Mit den Glücksgaben ist es ebenso bewandt. Macht, Reichtum, Ehre, selbst Gesundheit und das ganze Wohlbefinden und Zufriedenheit mit seinem Zustande unter dem Namen der Glückseligkeit machen Mut und hiedurch öfters auch Übermut, wo nicht ein guter Wille da ist. Wenn auch durch eine besondere Ungunst des Schicksals oder durch kärgliche Ausstattung einer stiefmütterlichen Natur es diesem Willen gänzlich an Vermögen fehlte, seine Absicht durchzusetzen; wenn bei seiner größten Bestrebung dennoch nichts von ihm ausgerichtet würde und nur der gute Wille übrig bliebe: er würde wie ein Juwel doch für sich selbst glänzen als etwas, das seinen vollen Wert in sich selbst hat.

Die Nützlichkeit oder Fruchtlosigkeit kann diesem Werte weder etwas zusetzen, noch kann sie ihm etwas nehmen.

Eine Handlung aus Pflicht hat ihren moralischen Wert nicht in der Absicht, welche dadurch erreicht werden soll, sondern in der Maxime, nach der sie beschlossen wird.

Laßt uns also unser Leben wie ein Kinderspiel ansehen, in welchem nichts ernsthaft ist als Redlichkeit.

Wenn ich meine Schuldigkeit tue, gehen mich gute und böse Folgen nichts an.

Es liegt der moralische Wert der Handlung nicht in der Wirkung, die daraus erwartet wird ... Denn alle diese Wirkungen, Annehmlichkeit seines Zustandes, ja gar Förderung fremder Glückseligkeit, konnten auch durch andere Ursachen zustande gebracht werden ...

Vielleicht mag nie ein Mensch seine erkannte und von ihm auch verehrte Pflicht ganz uneigennützig ausgeübt haben; vielleicht wird auch nie einer bei der größten Bestrebung so weit gelangen. Aber soviel er bei der sorgfältigsten Selbstprüfung in sich wahrnehmen kann, zu jener Reinheit hinzustreben: das vermag er; und das ist auch für seine Pflichtbeobachtung genug.

Der muntere und freundliche Alcest sagt: Ich liebe und schätze meine Frau, denn sie ist schön, schmeichelhaft und klug. Wie aber, wenn sie nun durch Krankheit entstellt, durch Alter mürrisch und, nachdem die erste Bezauberung verschwunden, auch nicht klüger scheinen würde wie jede andere? Wenn der Grund nicht mehr da ist, was kann aus der Neigung werden? Nehmt dagegen den wohlwollenden und gesetzten Adrast, welcher bei sich denkt: ich werde dieser Person liebreich und mit Achtung begegnen, denn sie ist meine Frau. Diese Gesinnung ist edel und großmütig. Nunmehr mögen die zufälligen Reize sich ändern, sie ist gleichwohl noch immer seine Frau. Der edle Grund bleibt und ist nicht dem Unbestande äußerer Dinge so sehr unterworfen.

Wie aber, wenn sogar die geheime Sprache seines Herzens also lautete: ich muß jenem Menschen da zu Hilfe kommen, denn er leidet; nicht daß er etwa mein Freund oder Gesellschafter wäre oder daß ich ihn fähig hielte, dereinst Wohltat mit Dankbarkeit zu erwidern. Es ist jetzt keine Zeit zu vernünfteln und sich bei Fragen aufzuhalten: er ist ein Mensch, und was Menschen widerfährt, das trifft auch mich. Vielmehr stützt sich sein Handeln auf den höchsten Grund des Wohlwollens in der menschlichen Natur und ist äußerst erhaben, sowohl seiner Unveränderlichkeit nach als um der Allgemeinheit seiner Anwendung willen.

Das gerade Widerspiel des Prinzips der Sittlichkeit ist: wenn das der eigenen Glückseligkeit zum Bestimmungsgrunde des Willens gemacht wird.

Der Mensch fühlt in sich selbst ein mächtiges Gegengewicht gegen alle Gebote der Pflicht, die ihm die Vernunft so hochachtungswürdig vorstellt: an seinen Bedürfnissen und Neigungen, deren ganze Befriedigung er unter dem Namen der Glückseligkeit zusammenfaßt.

Das Prinzip der eigenen Glückseligkeit unterlegt der Sittlichkeit Triebfedern, die sie untergraben und ihre ganze Erhabenheit vernichten, indem sie die Bewegursachen zur Tugend mit denen zum Laster in eine Klasse stellen und nur den Kalkül besser ziehen lehren, den spezifischen Unterschied beider aber ganz und gar auslöschen.

Selbst in den gemeinsten Reden unterscheidet man das Angenehme vom Guten ... Selbst in der Beurteilung der Gesundheit kann man noch diesen Unterschied bemerken. Sie ist jedem, der sie besitzt, unmittelbar angenehm. Aber um zu sagen, daß sie gut sei, muß man sie noch durch die Vernunft auf Zwecke richten.

Das moralische Gesetz verlangt Befolgung aus Pflicht, nicht aus Vorliebe, die man gar nicht voraussetzen kann und soll.

Alle Triebfedern, die von eigener Glückseligkeit hergenommen werden, sind ein Hindernis, dem moralischen Gesetz Einfluß aufs menschliche Herz zu verschaffen.

Wie? Ist es denn nur darum gut, tugendhaft zu sein, weil es eine andere Welt gibt, oder werden die Handlungen nicht vielmehr dereinst belohnt werden, weil sie an sich selbst gut und tugendhaft waren?

Die Tugend in ihrer eigentlichen Gestalt erblicken, ist nichts anderes, als die Sittlichkeit von aller Beimischung des Sinnlichen und allem unechten Schmuck des Lohns oder der Selbstliebe entkleidet darzustellen.

Was das Leben für uns für einen Wert habe, wenn dieser bloß nach dem geschätzt wird, was man genießt, ist leicht zu entscheiden. Er sinkt unter Null. Es bleibt also wohl nichts übrig als der Wert, den wir unserem Leben selbst geben durch das, was wir tun.

Was Pflicht sei, bietet sich jedermann von selbst dar; was aber wahren dauerhaften Vorteil bringe, ist allemal, wenn dieser auf das ganze Dasein erstreckt werden soll, in undurchdringliches Dunkel gehüllt, und es erfordert viel Klugheit, um die praktische Regel durch geschickte Ausnahmen auch nur auf erträgliche Art den Zwecken des Lebens anzupassen.

Es ist ein Unglück, daß der Begriff der Glückseligkeit ein so unbestimmter Begriff ist, daß, obgleich jeder Mensch zu ihr zu gelangen wünscht, er doch niemals bestimmt und mit sich selbst einstimmig sagen kann, was er eigentlich wünsche und wolle...
Will er Reichtum, wieviel Sorge, Neid und Nachstellung könnte er sich dadurch nicht auf den Hals ziehen! Will er viel Erkenntnis und Einsicht, vielleicht könnte das ein nur um desto schärferes Auge werden, um die Übel, die sich für ihn jetzt noch verbergen und doch nicht vermieden werden können, nur desto schrecklicher zu zeigen, oder seinen Begierden, die ihm schon genug zu schaffen machen, noch mehr Bedürfnisse aufzubürden. Will er ein langes Leben, wer steht ihm dafür, daß es nicht ein langes Elend sein würde? Will er wenigstens Gesundheit, wie oft hat noch Ungemächlichkeit des Körpers von Ausschweifung abgehalten! Kurz, er ist nicht imstande, nach irgend-

einem Grundsatz mit völliger Gewißheit zu bestimmen, was ihn wahrhaft glücklich machen werde, darum, weil hiezu Allwissenheit erforderlich wäre. Man kann also nicht nach bestimmten Prinzipien handeln, um glücklich zu sein, sondern nur nach empirischen Ratschlägen, zum Beispiel der Diät, der Sparsamkeit, der Höflichkeit, der Zurückhaltung, von welchen die Erfahrung lehrt, daß sie das Wohlbefinden im Durchschnitt am meisten befördern.

Ein jeder Mensch macht sich einen eigenen Plan seiner Bestimmung auf dieser Welt. Geschicklichkeiten, die er erwerben will, Ehre und Gemächlichkeit, die er sich davon für künftig verspricht, dauerhafte Glückseligkeiten im ehelichen Leben und eine lange Reihe von Vergnügungen oder von Unternehmungen machen die Bilder der Zauberlaterne aus, die er sich sinnreich zeichnet und lebhaft nacheinander in seinen Einbildungen spielen läßt. Der Tod, der dieses Schattenspiel schließt, zeigt sich nur in dunkler Ferne und wird durch das Licht, das über die angenehmeren Stellen verbreitet ist, verdunkelt und unkenntlich gemacht. Während dieser Träumereien führt uns unser wahres Schicksal ganz andere Wege. Das Los, das uns wirklich zuteil wird, sieht demjenigen selten ähnlich, was wir uns versprachen; wir finden uns bei jedem Schritte, den wir tun, in unseren Erwartungen getäuscht, indessen verfolgt gleichwohl die Einbildung ihr Geschäft und ermüdet nicht, neue Entwürfe zu zeichnen, bis der Tod, der noch immer fern zu sein scheint, plötzlich dem ganzen Spiel ein Ende macht.

Man muß gut sein und das übrige erwarten.

Der denkende Mensch, wenn er über die Anreize zum Laster gesiegt hat und seine oft saure Pflicht getan zu haben sich bewußt ist, findet sich in einem Zustande der Seelenruhe und Zufriedenheit, den man wohl jene Glückseligkeit nennen kann, in welcher die Tugend ihr eigener Lohn ist.

Das Herz wird doch von einer Last, die es jederzeit insgeheim drückt, befreit und erleichtert, wenn an reinen moralischen Entschließungen die innere Freiheit aufgedeckt wird.

Das Ausfüllen der Zeit durch planmäßig fortschreitende Beschäftigungen, die einen großen beabsichtigten Zweck zur Folge haben, ist das einzige sichere Mittel, seines Lebens froh und dabei doch auch lebenssatt zu werden.

Der Mensch kann nicht hoffen, glücklich zu werden, wenn er nicht ein besserer Mensch wird.

Tue das, wodurch du würdig wirst, glücklich zu sein.

Alles Gute, das nicht auf moralisch gute Gesinnung gepfropft ist, ist nichts als lauter Schein und schimmerndes Elend.

Die Fröhlichkeit des Herzens entspringt daraus, daß man sich nichts vorzuwerfen hat.

Die erste Sorge des Menschen sei: nicht, wie er glücklich, sondern der Glückseligkeit würdig werde.

Der wahre Lohn der Tugend ist die innere Stille der Seele.

Mit dem reinen moralischen Gesetz lassen sich gar wohl so viele Reize und Annehmlichkeiten des Lebens verbinden, daß auch um dieser willen allein schon die klügste Wahl eines vernünftigen und über das größte Wohl des Lebens nachdenkenden Epikuräers sich für das sittliche Wohlverhalten erklären würde. Und es kann auch ratsam sein, diese Aussicht auf einen fröhlichen Genuß des Lebens mit jener obersten Bewegursache zu verbinden: aber nur, um den Anlockungen, die das Laster vorzuspiegeln nicht ermangelt, das Gegengewicht zu halten, nicht um hierin die eigentliche bewegende Kraft zu setzen. Denn das würde so viel sein, als die moralische Gesinnung in ihrer Quelle verunreinigen wollen.

Wenn ein Kind zum Beispiel lügt, muß man es nicht bestrafen, sondern ihm mit Verachtung begegnen, ihm sagen, daß man ihm in Zukunft nicht glauben werde. Bestraft man das Kind aber, wenn es Böses tut, und belohnt es, wenn es Gutes tut, so tut es Gutes, um es gut zu haben. Kommt es nachher in die Welt, wo es nicht so zugeht, wo es Gutes tun kann, ohne eine Belohnung, und Böses, ohne Strafe zu empfangen: so wird aus ihm ein Mensch, der nur sieht, wie er gut in der Welt fortkommen kann, und gut oder böse ist, je nachdem er es am zuträglichsten findet.

Das technische Mittel der Bildung der Tugend ist das gute Beispiel an dem Lehrer selbst und das warnende an anderen.

Nicht der Vergleich mit irgendeinem anderen Menschen, sondern mit der Idee der Menschheit, also mit dem Gesetz, muß dem Lehrer das nie fehlende Richtmaß seiner Erziehung an die Hand geben.

Die Tugend — das ist die fest gegründete Gesinnung, seine Pflicht genau zu erfüllen — ist in ihren Folgen auch wohltätig, mehr wie alles, was Natur oder Kunst in der Welt leisten mag. Und das herrliche Bild der Menschheit, in dieser ihrer

Gestalt aufgestellt, verstattet gar wohl die Begleitung der Grazien, die aber, wenn noch von Pflicht allein die Rede ist, sich in ehrerbietiger Entfernung halten. Wird aber auf die anmutigen Folgen gesehen, welche die Tugend, wenn sie überall Eingang fände, in der Welt verbreiten würde, so zieht dann die moralisch gerichtete Vernunft die Sinnlichkeit mit ins Spiel. Nur nach bezwungenen Ungeheuern wird Herkules Musaget.

Die Kultur der Tugend hat den Wahlspruch der Stoiker: gewöhne dich, die zufälligen Lebensübel zu ertragen und die ebenso überflüssigen Ergötzlichkeiten zu entbehren. Es ist eine Art von Diätetik für den Menschen, sich moralisch gesund zu erhalten. Gesundheit ist aber nur ein negatives Wohlbefinden, sie selber kann nicht gefühlt werden. Es muß etwas dazukommen, was einen angenehmen Lebensgenuß gewährt und doch bloß moralisch ist. Das ist das jederzeit fröhliche Herz in der Idee des tugendhaften Epikur.

Wir müssen an der Entwicklung der moralischen Anlage in uns selbst arbeiten, ob sie zwar selber die

Göttlichkeit eines Ursprungs beweist, der höher ist als alle Vernunft, und daher sie zu besitzen nicht Verdienst, sondern Gnade ist.

Daß jemand nicht bloß ein gesetzlich, sondern ein moralisch guter, Gott wohlgefälliger Mensch werde, welcher, wenn er etwas als Pflicht erkennt, keiner anderen Triebfeder weiter bedarf als dieser Vorstellung der Pflicht selbst: das kann nicht durch allmähliche Reform, sondern muß durch eine Revolution der Gesinnung im Menschen bewirkt werden; und er kann ein neuer Mensch nur durch eine Art von Wiedergeburt, gleich als durch eine neue Schöpfung und Änderung des Herzens werden.

Fragmentarisch ein besserer Mensch werden zu wollen, ist ein vergeblicher Versuch.

Der Mensch, der sich eines Charakters in seiner Denkungsart bewußt ist, hat ihn nicht von der Natur, sondern muß ihn jederzeit erworben haben. Erziehung, Beispiele und Belehrung können diese

Festigkeit und Beharrlichkeit in Grundsätzen überhaupt nicht nach und nach, sondern nur gleichsam durch eine Explosion bewirken, die auf den Überdruß am schwankenden Zustande des Instinkts auf einmal erfolgt.
Vielleicht werden nur wenige sein, die diese Revolution vor dem dreißigsten Jahre versucht, und noch weniger, die sie vor dem vierzigsten fest gegründet haben.

Daß Tugend erworben werden müsse und nicht angeboren sei, liegt schon in dem Begriffe derselben. Denn das sittliche Vermögen des Menschen wäre nicht Tugend, wenn es nicht durch die Stärke des Vorsatzes in dem Streit mit so mächtigen entgegenstehenden Neigungen hervorgebracht wäre. — Sie ist das Produkt der Vernunft.

Tugend ist die moralische Stärke in Befolgung seiner Pflicht, die niemals zur Gewohnheit werden, sondern immer ganz neu und ursprünglich aus der Denkungsart hervorgehen soll.

Die Natur hat gewollt: daß der Mensch alles, was

über die mechanische Anordnung seines tierischen Daseins geht, gänzlich aus sich selbst herausbringe und er keiner anderen Glückseligkeit oder Vollkommenheit teilhaftig werde, als die er sich selbst, frei von Instinkt, durch eigene Vernunft verschafft hat.

Hieraus folgt, daß die moralische Bildung des Menschen nicht von der Besserung der Sitten, sondern von der Umwandlung der Denkungsart und von der Gründung eines Charakters anfangen müsse.

Ein Charakter ist absolute Einheit des inneren Prinzips des Lebenswandels überhaupt.

Es kommt nicht auf das an, was die Natur aus dem Menschen, sondern was dieser aus sich selbst macht.
Denn das erstere gehört zum Temperament und nur das letztere gibt zu erkennen, daß er eigenen Charakter habe.
Alle anderen guten und nutzbaren Eigenschaften

haben einen Preis und lassen sich gegen andere, die ebensoviel Nutzen schaffen, austauschen. Das Talent hat einen Marktpreis, denn der Landes- oder Gutsherr kann einen solchen Menschen auf allerlei Art brauchen; das Temperament hat einen Preis, man kann sich gut unterhalten, er ist ein angenehmer Gesellschafter; aber der Charakter hat einen inneren Wert und ist über allen Preis erhaben.

Man muß völlig gewiß sein: ob etwas recht oder unrecht, pflichtmäßig oder pflichtwidrig, erlaubt oder unerlaubt sei. Aufs ungewisse kann man in moralischen Dingen nichts wagen; nichts auf die Gefahr des Verstoßes gegen das Gesetz beschließen.

Grundsätze müssen auf Begriffen errichtet werden. Auf allen anderen Grundlagen können nur Anwandlungen zustande kommen, die der Person keinen moralischen Wert, ja nicht einmal eine Zuversicht auf sich selbst verschaffen können ...

Der Mann von Grundsätzen, von dem man sicher weiß, wessen man sich nicht etwa von seinem

Instinkt, sondern von seinem Willen zu versehen hat, hat einen Charakter.

Leidenschaften sind Krebsschäden für die Vernunft.

Je mehr der Angewohnheiten sind, die ein Mensch hat, desto weniger ist er frei und unabhängig.

Wahrhaftigkeit ist der Grundzug und das wesentlichste eines Charakters. Ein Mensch, der lügt, hat keinen Charakter.

Die Lüge ist Wegwerfung und gleichsam Vernichtung seiner Menschenwürde. Ein Mensch, der selbst nicht glaubt, was er einem anderen sagt, hat einen noch geringeren Wert, als wenn er bloß Sache wäre.

Die größte Verletzung der Pflicht des Menschen gegen sich selbst ist das Widerspiel der Wahrhaftigkeit: die Lüge.

Ich kann zwar in dem Urteil irren, in welchem ich glaube recht zu haben; aber in dem Bewußtsein recht zu haben — oder es bloß vorzugeben — kann ich schlechterdings nicht irren.
In der Sorgfalt, sich dieses Glaubens oder Nichtglaubens bewußt zu werden, besteht nun eben die formale Gewissenhaftigkeit, welche der Grund der Wahrhaftigkeit ist.

Unredlichkeit ist bloß Ermangelung an Gewissenhaftigkeit, das ist, an Lauterkeit des Bekenntnisses vor seinem inneren Richter.

Es kann sein, daß nicht alles wahr ist, was ein Mensch dafür hält; aber in allem, was er sagt, muß er wahrhaft sein.

Was kann den Einsichten nachteiliger sein, als sogar bloße Gedanken verfälscht einander mitzuteilen, Zweifel, die wir wider unsere eigenen Behauptungen fühlen, zu verhehlen, oder Beweisgründen, die uns selbst nicht genugtun, einen Anstrich von Evidenz zu geben? Daß in der Abwiegung der Vernunftgründe alles ehrlich zugehen müsse, ist das wenigste, was man fordern kann.

Daß das, was jemand sich selbst oder einem anderen sagt, wahr sei: dafür kann er nicht jederzeit stehen — dafür aber kann und muß er stehen, daß sein Bekenntnis oder Geständnis wahrhaft sei: denn dessen ist er sich unmittelbar bewußt.

Das Lügen macht den Menschen zum Gegenstand der allgemeinen Verachtung und ist ein Mittel, ihm bei sich selbst die Achtung und Glaubwürdigkeit zu rauben, die jeder für sich haben sollte.

Die Lüge ist der eigentliche faule Fleck in der menschlichen Natur.

Aufrichtigkeit muß man von jedem Menschen fordern können.

Wenn wir auf uns selbst bei jeder Übertretung einer Pflicht achthaben, so finden wir, daß wir wirklich nicht wollen, es solle diese Maxime ein allgemeines Gesetz werden. Das Gegenteil derselben soll vielmehr allgemein ein Gesetz bleiben: nur nehmen wir uns die Freiheit oder auch nur für dieses eine Mal, zum Vorteil unserer Neigung eine Ausnahme zu machen.

Ich kann zwar die Lüge, aber ein allgemeines Gesetz zu lügen gar nicht wollen; denn nach einem solchen würde es eigentlich gar kein Versprechen geben, weil es vergeblich wäre.

Wer in der Wahl zwischen Recht und Nutzen noch unschlüssig ist, wer sich eine Handlung der Ehrlichkeit zum Verdienste anrechnet, ist kein rechtschaffener Mann.

Von einem Menschen sagen zu können: „Er hat einen Charakter" heißt sehr viel gerühmt.

Man tut am besten, wenn man die Grundsätze, welche den Charakter betreffen, negativ vorträgt.

Sie sind: Nicht vorsätzlich unwahr reden; daher auch behutsam sprechen, damit man nicht den Schimpf des Widerrufens auf sich ziehe.
Nicht heucheln, vor den Augen gutgesinnt scheinen, hinter dem Rücken aber feindselig sein.
Sein Versprechen nicht brechen, wozu auch gehört, selbst das Andenken einer Freundschaft, die nun gebrochen ist, noch zu ehren und die ehemalige Vertraulichkeit und Offenherzigkeit des anderen nicht nachher zu mißbrauchen.
Sich nicht mit schlechtdenkenden Menschen in einen Geschmacksumgang einzulassen und den Umgang nur auf Geschäfte einzuschränken.
Sich an die Nachrede aus dem seichten und boshaften Urteil anderer nicht zu kehren; denn das Gegenteil verrät schon Schwäche; wie auch die Furcht des Verstoßes wider die Mode zu mäßigen und, wenn sie denn schon einigen Einfluß bekommen hat, ihr Gebot wenigstens nicht auf die Sittlichkeit auszudehnen.

In der Einheit des Charakters besteht die Vollkommenheit des Menschen.

Ein Tier ist schon alles durch seinen Instinkt;

eine fremde Vernunft hat bereits alles für dasselbe besorgt. Der Mensch aber braucht eigene Vernunft. Er hat keinen Instinkt und muß sich selbst den Plan seines Verhaltens machen.

Ob nun Grundsätze auch bisweilen falsch und fehlerhaft sein dürften, so hat doch das Formelle des Wollens überhaupt, nach festen Grundsätzen zu handeln — nicht wie in einem Mückenschwarm bald hierhin, bald dahin abzuspringen — etwas Schätzbares und selbst Bewundernswürdiges an sich.

Selbst der Schein des Guten an anderen muß uns wert sein: weil aus diesem Spiel mit Verstellungen, welche Achtung erwerben, ohne sie vielleicht zu verdienen, endlich wohl Ernst werden kann.

Herzhaftigkeit ist bloß Temperamentseigenschaft. Der Mut dagegen beruht auf Grundsätzen und ist eine Tugend. Die Vernunft reicht dem entschlossenen Mann dann Stärke, die ihm die Natur bisweilen versagt.

Die Laster, als die Brut gesetzwidriger Gesinnungen, sind die Ungeheuer, die der Mensch zu bekämpfen hat: weshalb auch diese sittliche Stärke als Tapferkeit die größte und einzige wahre Kriegsehre des Menschen ausmacht. Auch wird sie die eigentliche Weisheit genannt: weil sie den Endzweck des menschlichen Daseins auf Erden zu dem ihrigen macht.
In ihrem Besitz ist der Mensch allein frei, gesund, reich, ein König, und kann weder durch Zufall noch Schicksal einbüßen: weil er sich selbst besitzt und der Tugendhafte seine Tugend nicht verlieren kann.

Wir sind im hohen Grade durch Kunst und Wissenschaft kultiviert. Wir sind zivilisiert, bis zum Überlästigen zu allerlei gesellschaftlicher Artigkeit und Anständigkeit.
Aber uns schon für moralisiert zu halten, daran fehlt noch sehr viel.

Der Friedenszustand unter Menschen, die nebeneinander leben, ist kein Naturzustand. Er muß also gestiftet werden.

Die größte Gefahr für Menschen in ihrem Verkehr untereinander ist die: anderen Unrecht zu tun.

Niemals empört etwas mehr als Ungerechtigkeit; alle anderen Übel, die wir ausstehen, sind nichts dagegen.

Wohltun ist Pflicht. Wer diese oft ausübt, und es gelingt ihm mit seiner wohltätigen Absicht, kommt endlich wohl gar dahin, den, welchem er wohlgetan hat, wirklich zu lieben. Wenn es also heißt: du sollst deinen Nächsten lieben wie dich selbst, so heißt das nicht: du sollst zuerst lieben und mittels dieser Liebe nachher wohltun, sondern: tue deinem Nebenmenschen wohl, und dieses Wohltun wird Menschenliebe in dir bewirken!

Hiemit stimmt aber die Möglichkeit eines solchen Gebots, wie: Liebe Gott über alles und deinen Nächsten wie dich selbst, ganz wohl zusammen. Denn es fordert doch als Gebot Achtung für ein Gesetz, das Liebe befiehlt, und überläßt es nicht der beliebigen Wahl, sich diese zum Prinzip zu machen . . . Gott lieben heißt in dieser Bedeutung, seine Gebote gerne tun; den Nächsten lieben heißt, alle Pflicht gegen ihn gerne ausüben . . .

Könnte ein vernünftiges Geschöpf jemals dahin kommen, alle moralischen Gesetze völlig gerne zu tun, so würde das so viel bedeuten als: es fände sich in ihm auch nicht einmal die Möglichkeit einer Begierde, die ihn zur Abweichung von ihnen reizte; denn die Überwindung einer solchen kostet immer Aufopferung, bedarf also Selbstzwang, das ist innere Nötigung zu dem, was man nicht ganz gerne tut.

Das höchste, für Menschen nie völlig erreichbare Ziel der moralischen Vollkommenheit endlicher Geschöpfe ist die Liebe des Gesetzes.

Die Liebe ist ein unentbehrliches Ergänzungsstück der Unvollkommenheit der menschlichen Natur zu dem, was die Vernunft durch Gesetz vorschreibt.

DEINE ERFÜLLUNG

Man muß das Dasein Gottes dem nicht demonstrieren, der sich für die sittlichen Gesetze entschieden hat.

Es hat wohl niemals eine rechtschaffene Seele gelebt, welche den Gedanken hätte ertragen können, daß mit dem Tode alles zu Ende sei, und deren edle Gesinnung sich nicht zur Hoffnung der Zukunft erhoben hätte.

Sobald die Menschen über Recht und Unrecht zu reflektieren anfingen, mußte sich das Urteil unvermeidlich einfinden: daß es im Ausgang nimmermehr einerlei sein könne, ob ein Mensch sich redlich oder falsch, billig oder gewalttätig verhalten habe, wenn er gleich bis an sein Lebensende für seine Tugenden kein Glück oder für seine Verbrechen keine Strafe angetroffen habe. Es ist: als ob sie in sich eine Stimme wahrnähmen, es müsse anders zugehen.

Eine wohlgeartete Seele ist leicht zum Glauben Gottes und einer Zukunft zu überzeugen, aber dem Bösen ist nicht zu helfen. Seines Herzens Härte macht ihn bloß auf Spekulation erpicht, und er fürchtet allenfalls einen Gott, aber glaubt ihn nicht.

Wir finden die Wege der Vorsehung weise und anbetungswürdig in den Stücken, wo wir sie einigermaßen einsehen können; sollten sie es da nicht noch weit mehr sein, wo wir es nicht können?

Hat die Vernunft wohl Gründe für sich, eine solche die Glückseligkeit nach Verdienst und Schuld der Menschen austeilende, über die ganze Natur gebietende und die Welt mit höchster Weisheit regierende Macht als wirklich anzunehmen, das ist, an Gott zu glauben? —
Ja, denn wir sehen an den Werken der Natur, die wir beurteilen können, so ausgebreitete und tiefe Weisheit, die wir uns nicht anders als durch eine unaussprechlich große Kunst eines Weltschöpfers erklären können, von welchem wir uns denn auch, was die sittliche Ordnung betrifft, in der doch die

höchste Zierde der Welt besteht, eine nicht minder weise Regierung zu versprechen Ursache haben: nämlich daß, wenn wir uns nicht selbst der Glückseligkeit unwürdig machen, welches durch Übertretung unserer Pflicht geschieht, wir auch hoffen können, ihrer teilhaftig zu werden.

Wenn der Mensch von einer schönen Natur umgeben ist, so fühlt er in sich ein Bedürfnis, irgend jemand dafür dankbar zu sein ...

Wenn wir diesem Phönix der Natur, der sich nur darum verbrennt, um aus seiner Asche wiederum verjüngt aufzuleben, durch alle Unendlichkeit der Zeiten und Räume hindurch folgen; wenn man sieht, wie sie sogar in der Gegend, da sie verfällt und veraltet, auf der anderen Grenze der Schöpfung in dem Raum der ungebildeten rohen Materie mit stetigen Schritten zur Ausdehnung des Plans der göttlichen Offenbarung fortschreitet, um die Ewigkeit sowohl als alle Räume mit ihren Wundern zu füllen: so versenkt sich der Geist, der alles dies überdenkt, in ein tiefes Erstaunen; aber noch mit diesem so großen Gegenstande unzufrieden,

wünscht er dasjenige Wesen von nahem kennenzulernen, dessen Verstand, dessen Größe die Quelle des Lichtes ist, das sich über die gesamte Natur ausbreitet.
Mit welcher Art der Ehrfurcht muß nicht die Seele sogar ihr eigenes Wesen ansehen, wenn sie betrachtet, daß sie noch alle diese Veränderungen überleben soll . . .

Es gibt keinen theoretischen Glauben an das Übersinnliche.
In praktischer Bedeutung aber ist ein Glaube an das Übersinnliche nicht allein möglich, sondern er ist sogar mit dieser unzertrennlich verbunden. Denn die Summe der Moralität in mir ist dennoch mit unverkennbarer Wahrheit und Autorität gegeben, welche aber einen Zweck gebietet, der, ohne eine darauf hinwirkende Macht eines Weltherrschers, durch meine Kraft allein unausführbar ist.

Wir können einen rechtschaffenen Mann annehmen, der sich fest überredet hat: es sei kein Gott und kein künftiges Leben; wie wird er seine eigene innere Zweckbestimmung durch das moralische

Gesetz, welches er tätig verehrt, beurteilen? Sein Bestreben ist begrenzt; und von der Natur kann er zwar hin und wieder einen zufälligen Erfolg, niemals aber eine gesetzmäßige Zusammenstimmung zu dem Zwecke erwarten, welchen zu bewirken er sich doch angetrieben fühlt. Betrug, Gewalttätigkeit und Neid werden immer um ihn im Schwange gehen, ob er gleich selbst redlich, friedfertig und wohlwollend ist; und die Rechtschaffenen, die er außer sich noch antrifft, werden unangesehen aller ihrer Würdigkeit glücklich zu sein, dennoch durch die Natur, die darauf nicht achtet, allen Übeln des Mangels, der Krankheiten und des unzeitigen Todes gleich den übrigen Tieren der Erde unterworfen sein und es auch immer bleiben. Bis ein weites Grab sie insgesamt — redlich oder unredlich, das gilt hier gleich viel — verschlingt und sie in den Schlund des zwecklosen Chaos der Materie zurückwirft, aus dem sie gezogen waren. — Den Zweck also, den dieser Wohlgesinnte in Befolgung der moralischen Gesetze vor Augen hatte und haben sollte, müßte er allerdings als unmöglich aufgeben; oder will er auch hierin dem Rufe seiner sittlichen inneren Bestimmung treu bleiben: so muß er das Dasein eines moralischen Welturhebers, das ist Gottes, annehmen.

Alle Moralität der Handlungen kann nach der Ordnung der Natur niemals ihre vollständige Wirkung im leiblichen Leben des Menschen haben. Die wahren Absichten, die geheimen Beweggründe fruchtloser Bestrebungen, der Sieg über sich selbst sind mehrenteils für den Erfolg im körperlichen Leben verloren.

Die Vernunft läßt uns in Ansehung des Mangels eigener Gerechtigkeit, die vor Gott gilt, nicht ganz ohne Trost. Sie sagt: wer in einer wahrhaften, der Pflicht ergebenen Gesinnung soviel als in seinem Vermögen steht tut, um wenigstens in einer beständigen Annäherung zur vollständigen Angemessenheit mit dem Gesetze seiner Verbindlichkeit Genüge zu leisten, dürfe hoffen, was nicht in seinem Vermögen steht, das werde von der höchsten Weisheit auf irgendeine Weise ergänzt werden.

Wo das eigene Tun zur Rechtfertigung des Menschen vor seinem eigenen strenge richtenden Gewissen nicht auslangt, da ist die Vernunft befugt, eine übernatürliche Ergänzung seiner mangelhaften Gerechtigkeit gläubig anzunehmen.

Zugestanden, daß das reine moralische Gesetz jedermann als Gebot unnachläßlich verbinde, darf der Rechtschaffene wohl sagen: ich will, daß ein Gott, endlich auch daß meine Dauer endlos sei, ich beharre darauf und lasse mir diesen Glauben nicht nehmen, denn dieses ist das einzige, wo mein Interesse, weil ich von demselben nichts nachlassen darf, mein Urteil unvermeidlich bestimmt, ohne auf Vernünfteleien zu achten. So wenig ich auch darauf zu antworten imstande sein möchte.

Je größer die moralische Gesinnung eines Menschen ist, desto fester und lebendiger wird auch sein Glaube sein an alles dasjenige, was er aus dem moralischen Interesse anzunehmen und vorauszusetzen sich genötigt fühlt.

Man mag so schwergläubig sein wie man will, so muß man doch, wo es schlechterdings unmöglich ist, den Erfolg aus gewissen nach aller menschlichen Weisheit genommenen Mitteln mit Gewißheit vorauszusehen, an eine Konkurrenz (eine ausgleichende Gegenwirkung) göttlicher Weisheit zum Laufe der Natur glauben, wenn man seinen Endzweck nicht lieber ganz aufgeben will.

Allein Endzweck ist bloß ein Begriff unserer praktischen Vernunft und kann aus keiner Erfahrung zu theoretischer Beurteilung der Natur gefolgert werden. Es ist kein Gebrauch von diesem Begriffe möglich als lediglich für die praktische Vernunft..

Was in theoretischer Rücksicht unmöglich ist, nämlich der Fortschritt der Vernunft zum Übersinnlichen der Welt, darin wir leben, das ist in praktischer Rücksicht wirklich.

Der kategorische Imperativ und die darauf gegründete Erkenntnis aller Menschenpflichten als göttliche Gebote ist der praktische Beweis vom Dasein Gottes.

Der moralische, praktische Beweis sagt nicht, daß die Seele künftig leben werde, sondern daß der Rechtschaffene nicht vermeiden könne, dies anzunehmen.

Der Glaube an einen Gott und eine andere Welt ist mit meiner moralischen Gesinnung so verwebt, daß, sowenig ich Gefahr laufe, die letztere einzubüßen, ich ebensowenig besorge, daß mir der erste jemals entrissen werden könne.

Es ist in dem kategorischen Imperativ der praktischen Vernunft, welcher zum Menschen sagt: „ich will, daß deine Handlungen zum Endzwecke aller Dinge zusammenstimmen“, schon die Vorausetzung eines gesetzgebenden göttlichen Willens, der alle Gewalt enthält, zugleich gedacht und bedarf nicht, noch besonders aufgedrungen zu werden.

Da die sittliche Vorschrift meine Maxime ist, so werde ich unausbleiblich ein Dasein Gottes und ein künftiges Leben glauben und bin sicher, daß diesen Glauben nichts wankend machen könne.

Unter den Ideen (Freiheit, Gott, Unsterblichkeit) führt die mittlere, nämlich die der Freiheit: weil die Existenz derselben in dem kategorischen Imperativ enthalten ist. Die zwei übrigen enthält sie in ihrem Gefolge bei sich.

Denn das Wesen, welches die proportionierte Austeilung allein zu vollziehen vermag, ist Gott; und der Zustand, in welchem diese Vollziehung an vernünftigen Weltwesen allein jenem Endzweck völlig angemessen verrichtet werden kann, die Annahme einer schon in ihrer Natur begründeten Fortdauer des Lebens, ist die Unsterblichkeit. Gott: das allverpflichtende Wesen; Freiheit: das Vermögen des Menschen, die Befolgung seiner Pflichten gegen alle Macht der Natur zu behaupten; Unsterblichkeit: ein Zustand, in welchem dem Menschen sein Wohl oder Wehe im Verhältnis auf seinen moralischen Wert zuteil werden soll.

Moral führt unumgänglich zur Religion, wodurch sie sich zur Idee eines machthabenden moralischen Gesetzgebers außer dem Menschen erweitert, in dessen Willen dasjenige Endzweck der Weltschöpfung ist, was zugleich der Endzweck des Menschen sein kann und soll.

Ohne einen Gott und eine für uns jetzt nicht sichtbare, aber gehoffte Welt sind die herrlichen Ideen der Sittlichkeit zwar Gegenstände des Beifalls und der Bewunderung, aber nicht Triebfeder des Vorsatzes und der Ausübung, weil sie nicht den ganzen Zweck, der einem jeden vernünftigen Wesen natürlich und notwendig ist, erfüllen.

In Ansehung dessen, was zu erkennen allgemeine Menschenpflicht ist, nämlich des Moralischen, kann es kein Geheimnis geben, aber in Ansehung dessen, was nur Gott tun kann, wozu etwas selbst zu tun unser Vermögen, mithin auch unsere Pflicht übersteigt, da kann es nur eigentliches, nämlich heiliges Geheimnis, Mysterium der Religion geben.

Unter dem moralischen Glauben verstehe ich das unbedingte Zutrauen auf die göttliche Hilfe.

Die Idee von einem Wesen, das alles weiß, alles vermag, alles moralisch Gute will und allen Weltwesen innigst gegenwärtig ist, ist die Idee von Gott.

Der Begriff von Gott ist der Begriff von einem verpflichtenden Wesen außer mir.

Aus der begründeten Idee von einem Weltschöpfer geht die praktische Idee hervor von einem allgemeinen moralischen Gesetzgeber für alle unsere Pflichten, als Urheber des uns innewohnenden moralischen Gesetzes. Diese Idee bietet dem Menschen eine ganz neue Welt dar. Er fühlt sich für ein anderes Reich geschaffen, als für das Reich der Sinne und des Verstandes, — nämlich für ein moralisches Reich, für ein Reich Gottes. Er erkennt nun seine Pflichten zugleich als göttliche Gebote, und es entsteht in ihm eine neue Erkenntnis, ein neues Gefühl, nämlich Religion ...

Gegen Gott haben wir kein Verdienst, sondern lauter Schuldigkeit. Dies ist die Ursache der Demut, aber nicht eine Absprechung der Hoffnung.

In scheinbarem Widerspruch teilt gleichwohl der oberste Beherrscher einem jeden das Los seines Schicksals mit weiser Hand aus. Er verbirgt das Ende unserer Bestimmung auf dieser Welt in unerforschliche Dunkelheit, macht uns durch Triebe geschäftig, durch Hoffnung getrost und durch die glückselige Unwissenheit des Künftigen beflissen auf Absichten und Entwürfe. Unter diesen Betrachtungen richtet der Weise die Aufmerksamkeit vornehmlich auf seine große Bestimmung jenseits des Grabes.

Welcher Mensch kennt sich selbst, wer kennt andere so durch und durch, wer will entscheiden, sage ich, ob vor dem allsehenden Auge eines Weltrichters ein Mensch seinem inneren moralischen Werte nach noch irgendeinen Vorzug vor dem anderen habe?

Nach der moralischen Religion aber — unter allen öffentlichen, die es je gegeben hat, allein die christliche — ist es ein Grundsatz: daß ein jeder soviel, als in seinen Kräften steht, tun müsse, um ein besserer Mensch zu werden; und nur, wenn er sein angeborenes Pfund nicht vergraben, wenn er die ursprüngliche Anlage zum Guten benutzt hat, um ein besserer Mensch zu werden, könne er hoffen, was nicht in seinem Vermögen ist, werde durch höhere Mitwirkung ergänzt werden.

Das Wesentliche und Vortrefflichste von der Lehre Christi ist eben dies: daß er die Summe aller Re-

ligion darin setzte, rechtschaffen zu sein aus allen Kräften im Glauben, das heißt einem unbedingten Zutrauen, daß Gott alsdann das übrige Gute, was nicht in unserer Gewalt ist, ergänzen werde.
Diese Glaubenslehre verbietet alle Anmaßung, die Art, wie Gott dieses tue, wissen zu wollen und läßt von dem unendlichen Religionswahn, wozu die Menschen zu allen Zeiten geneigt sind, nichts übrig als das allgemeine und unbestimmte Zutrauen, daß uns dieses Gute, auf welche Art es auch sei, zuteil werden solle, wenn wir, soviel an uns ist, uns durch unser Verhalten dessen nur nicht unwürdig machen.

Religion ist das Gesetz in uns, insofern es durch einen Gesetzgeber und Richter über uns Nachdruck erhält.

Religion ist die Erkenntnis aller unserer Pflichten als göttliche Gebote.

Es ist unmöglich, daß ein Mensch ohne Religion seines Lebens froh werde.

Ein herzlicher Wunsch, Gott in allem unseren Tun und Lassen wohlgefällig zu sein, das ist die alle unsere Handlungen begleitende Gesinnung. Sie, als ob sie im Dienste Gottes geschehen, zu betreiben, ist der Geist des Gebets, der „ohne Unterlaß" in uns stattfinden kann und soll.

Alles kommt in der Religion aufs Tun an.

Viele Leute haben Theologie und keine Religion.

Unglaube ist ein mißlicher Zustand des menschlichen Gemüts, der den moralischen Gesetzen alle Kraft, mit der Zeit sogar ihnen selbst alle Autorität nimmt und jene Denkart veranlaßt, die man Freigeisterei nennt, das heißt, gar keine Pflicht mehr anzuerkennen.

Sorgt ihr nicht dafür, daß ihr vorher wenigstens auf dem halben Wege gute Menschen macht, so werdet ihr auch niemals aus ihnen aufrichtig gläubige Menschen machen.

Würde alles in der Welt Tugend belohnen und Laster bestrafen, so würde der moralische Wert wegfallen und Gottes Zweck nicht erreicht werden.

Alle Macht des Himmels steht auf der Seite des Rechts.

Der Mensch muß für zwei ganz verschiedene Welten bestimmt sein, einmal für das Reich der Sinne und des Verstandes, also für diese Erdenwelt: dann aber auch noch für eine andere Welt, die wir nicht kennen, für ein Reich der Sitten.

Wir schauen IHN an wie in einem Spiegel: nie von Angesicht zu Angesicht.

SCHÖNHEIT UND KUNST

Zur schönen Kunst sind nun Einbildungskraft, Verstand, Geist und Geschmack erforderlich.
Die drei ersteren Vermögen bekommen durch das vierte erst ihre Vereinigung.

Über den Geschmack läßt sich nicht disputieren.

Geschmack ist das Beurteilungsvermögen durch ein Wohlgefallen oder Mißfallen, ohne alles Interesse.

Ein jeder muß eingestehen, daß ein Urteil über Schönheit, worin sich das mindeste Interesse mengt, sehr parteilich und kein reines Geschmacksurteil sei. Man muß nicht im mindesten für die Existenz der Sache eingenommen, sondern in diesem Betracht ganz gleichgültig sein, um in Sachen des Geschmacks den Richter zu spielen.

Schönheit ist Form der Zweckmäßigkeit eines Gegenstandes, sofern sie, ohne Vorstellung eines Zwecks, an ihm wahrgenommen wird.

Schön ist, was ohne Begriff Gegenstand eines notwendigen Wohlgefallens ist.

Um etwas gut zu finden, muß ich jederzeit wissen, was der Gegenstand für ein Ding sein soll, das heißt einen Begriff von ihm haben. Um Schönheit woran zu finden, habe ich das nicht nötig. Blumen, freie Zeichnungen, ohne Absicht ineinander geschlungene Züge, Laubwerk, bedeuten nichts, hängen von keinem bestimmten Begriff ab und gefallen doch.

Wir können allgemein sagen, es mag die Natur- oder die Kunstschönheit betreffen: schön ist das, was in der bloßen Beurteilung gefällt.

Alles wechselnde freie Spiel der Empfindungen, die keine Absicht zu Grunde haben, vergnügt, weil es das Gefühl der Gesundheit fördert.

Wir mögen nun in der Vernunftbeurteilung an seinem Gegenstand ein Wohlgefallen haben oder nicht.

Das Schöne kommt darin mit dem Erhabenen überein, daß beides für sich selbst gefällt.

Das Erhabene rührt, das Schöne reizt.

Erhaben nennen wir das, was schlechthin groß ist.

Das Unendliche aber ist schlechthin groß.

Man sagt von gewissen Produkten, von welchen man erwartet, daß sie sich zum Teil wenigstens als schöne Kunst zeigen sollten: sie sind ohne Geist; wenn man auch an ihnen, was den Geschmack betrifft, nichts zu tadeln findet. Ein Gedicht kann recht nett und elegant sein, aber es ist ohne Geist. Eine Geschichte ist genau und ordentlich, aber ohne Geist. Eine feierliche Rede ist gründlich und

zugleich zierlich, aber ohne Geist. Manche Konversation ist nicht ohne Unterhaltung, aber doch ohne Geist; selbst von einem Frauenzimmer sagt man wohl, sie ist hübsch, gesprächig und artig, aber ohne Geist. Was ist das denn, was man hier unter Geist versteht?
Geist in ästhetischer Bedeutung, heißt das belebende Prinzip im Gemüte.

Wenn man Objekte bloß nach Begriffen beurteilt, so geht alle Vorstellung der Schönheit verloren. Also kann es auch keine Regel geben, nach der jemand genötigt werden sollte, etwas für schön anzuerkennen. Ob ein Kleid, ein Haus, eine Blume schön sei: dazu läßt man sich sein Urteil durch keine Gründe oder Grundsätze aufschwatzen. Man will das Objekt seinen eigenen Augen unterwerfen, gleich als ob sein Wohlgefallen von der Empfindung abhinge; und dennoch, wenn man den Gegenstand dann schön nennt, glaubt man eine allgemeine Stimme für sich zu haben und macht Anspruch auf den Beitritt von jedermann.

Nur die Form ist es, was des Anspruchs auf eine allgemeine Regel für das Gefühl fähig ist.

Die höchste formale Einheit ist die zweckmäßige Einheit der Dinge.

Eine gewisse Kühnheit im Ausdruck und überhaupt manche Abweichung von der gemeinen Regel steht dem Genie wohl an, ist aber keineswegs nachahmungswürdig.

Manieriert heißt ein Kunstprodukt, wenn der Vortrag seiner Idee auf die Sonderbarkeit angelegt und nicht der Idee angemessen gebracht wird.

Ich muß Rousseau so lange lesen, bis mich die Schönheit des Ausdrucks gar nicht mehr stört, und dann erst kann ich ihn mit Vernunft übersehen ...

Die Hilfsmittel der Deutlichkeit helfen zwar in Teilen, zerstreuen aber öfters im Ganzen, indem sie den Leser nicht schnell genug zur Überschauung des Ganzen gelangen lassen und durch alle ihre hellen Farben den Gliederbau des Systems verkleben und unkenntlich machen, auf den es doch am meisten ankommt.

Nur derjenige kann etwas auf eine populäre Weise vortragen, der es auch gründlicher vortragen könnte.

Voltaire sagte, der Himmel habe uns zum Gegengewicht gegen die vielen Mühseligkeiten des Lebens zwei Dinge gegeben: die Hoffnung und den Schlaf. Er hätte noch das Lachen dazurechnen können.

Es muß in allem, was ein lebhaftes erschütterndes Lachen erregen soll, etwas Widersinniges sein. Das Lachen ist ein Affekt aus der plötzlichen Verwandlung einer gespannten Erwartung in nichts.

Im Grunde ist wohl alle Philosophie prosaisch, und ein Vorschlag, jetzt wiederum poetisch zu philosophieren, möchte wohl so aufgenommen werden als der für den Kaufmann, seine Handelsbücher künftig nicht in Prosa, sondern in Versen zu schreiben.

Unter allen Künsten behauptet die Dichtkunst — die fast gänzlich dem Genie ihren Ursprung verdankt und am wenigsten durch Vorschrift oder durch Beispiel geleitet sein will — den obersten Rang.
Sie erweitert das Gemüt dadurch, daß sie innerhalb der Schranken eines gegebenen Begriffs die Einbildungskraft in Freiheit setzt.

Der Dichter verfertigt nicht so wie der Prosaredner bestellte Arbeit mit Muße, sondern muß den günstigsten Augenblick seiner ihn anwandelnden inneren Stimmung ergreifen, in welchem ihm lebendige und kräftige Bilder und Gefühle von selbst zuströmen; und er verhält sich hierbei gleichsam nur leidend.

Ein gutes Gedicht ist das eindringendste Mittel der Belebung des Gemüts.

Nach der Dichtkunst würde ich, wenn es um Reiz und Bewegung des Gemüts zu tun ist, diejenige welche ihr unter den redenden am nächsten kommt und sich damit auch sehr natürlich vereinigen läßt, nämlich die Tonkunst setzen. Wenn sie zwar durch lauter Empfindungen ohne Begriffe spricht und nicht, wie die Poesie, etwas zum Nachdenken übrigbleiben läßt, so bewegt sie doch das Gemüt mannigfaltiger, und obgleich bloß vorübergehend, doch inniglicher.

Unter den bildenden Künsten würde ich der Malerei den Vorzug geben: teils weil sie als Zeichenkunst allen übrigen bildenden zu Grunde liegt, teils weil sie weit mehr in die Region der Ideen eindringt und auch das Feld der Anschauung diesen gemäß mehr erweitert als es den übrigen möglich ist.

An einem Produkt der schönen Kunst muß man sich bewußt werden, daß es Kunst sei, und nicht Natur; aber doch muß die Zweckmäßigkeit seiner Form von allem Zwange willkürlicher Regeln so frei scheinen, als ob es ein Produkt der bloßen Natur sei. Auf diesem Gefühl der Freiheit im

Spiel unserer Erkenntnisvermögen, welches doch zugleich zweckmäßig sein muß, beruht jene Lust, welche allein allgemein mitteilbar ist, ohne sich doch auf Begriffe zu gründen. Die Natur war schön, wenn sie zugleich als Kunst aussah, und die Kunst kann nur schön genannt werden, wenn wir uns bewußt sind, sie sei Kunst und sie doch aussieht wie Natur.

Eine Naturschönheit ist ein schönes Ding; die Kunstschönheit ist eine schöne Vorstellung von einem Ding.

Genie ist das Talent, welches der Kunst die Regel gibt. Da das Talent, als angeborenes produktives Vermögen des Künstlers, selbst zur Natur gehört, so könnte man sich auch so ausdrücken: Genie ist die angeborene Gemütsanlage, durch welche die Natur der Kunst die Regel gibt.

Der Vorzug der Naturschönheit vor der Kunstschönheit: selbst wenn jene durch diese der Form nach sogar übertroffen würde, so stimmt es mit der geläuterten und gründlichen Denkungsart aller

Menschen überein, die ihr sittliches Gefühl kultiviert haben, dennoch an der Naturschönheit allein ein unmittelbares Interesse zu nehmen.

Wir benennen schöne Gegenstände der Natur oder der Kunst oft mit Namen, die eine sittliche Beurteilung zugrunde zu legen scheinen. Wir nennen Gebäude oder Bäume majestätisch und prächtig oder Gefilde lachend und fröhlich; selbst Farben werden unschuldig, bescheiden, zärtlich genannt, weil sie Empfindungen erregen, die etwas von dem Bewußtsein eines durch moralische Urteile bewirkten Gemütszustandes enthalten. Der Geschmack macht gleichsam den Übergang vom Sinnenreiz zum habituellen moralischen Interesse ohne einen zu gewaltsamen Sprung möglich.

Romane und weinerliche Schauspiele, die das Herz welk und für die strenge Vorschrift der Pflicht unempfindlich, aller Achtung für die Würde der Menschheit in unserer Person und das Recht der Menschen und überhaupt aller festen Grundsätze unfähig machen, vertragen sich nicht einmal mit dem, was zur Schönheit, weit weniger aber noch mit dem, was zur Erhabenheit der Gemütsart gezählt werden könnte.

Das höchste Muster, das Urbild des Geschmacks ist eine bloße Idee, die jeder in sich selbst hervorbringen muß.

Wenn die schönen Künste nicht, nahe oder fern, mit moralischen Ideen in Verbindung gebracht werden, die allein ein selbständiges Wohlgefallen bei sich führen, so dienen sie nurmehr zur Zerstreuung, deren man immer desto mehr bedürftig wird, als man sich ihrer bedient. Überhaupt sind die Schönheiten der Natur am zuträglichsten; wenn man frühe dazu gewöhnt wird, sie zu beobachten, zu beurteilen und zu bewundern.

Der Unterschied zwischen den Begriffen des Schönen und Guten ist nichtig.

Ich sage: das Schöne ist das Symbol des sittlich Guten.

FRAUEN UND LIEBE

Ohne Achtung gibt es keine wahre Liebe.

Es sind ganz verschiedene Lobsprüche: eine feine Dame, und: eine wackere und angenehme Frau. Jenes läßt sich leicht erlangen und ist gut vorzuzeigen oder um Parade zu machen, zu Hause aber bedeutet es viele Umstände und Bemühung ohne Nutzen. Das letztere macht die Glückseligkeit des Mannes aus.

Wer liebt, kann dabei doch wohl noch sehend bleiben; wer sich aber verliebt, wird gegen die Fehler des geliebten Gegenstandes unvermeidlich blind, wiewohl der letztere acht Tage nach der Hochzeit sein Gesicht wieder zu erlangen pflegt.

Ein Mensch, welcher tändelt, ist jederzeit ohne Gefühl, sowohl der wahren Achtung als auch der zärtlichen Liebe. Ich möchte wohl um wer weiß wie viel das nicht gesagt haben, was Rousseau so verwegen behauptet: daß eine Frau niemals etwas mehr als ein großes Kind werde.

Die Weltweisheit der Frauen ist nicht Vernünfteln, sondern Empfinden.

Liebe ist eine Sache der Empfindung, nicht des Wollens, und ich kann nicht lieben, weil ich will, noch weniger aber, weil ich soll; mithin ist eine Pflicht zu lieben ein Unding.

Der Mann ist eifersüchtig, wenn er liebt, die Frau, auch ohne daß sie liebt, weil so viele Liebhaber, als von andern Frauen gewonnen worden, doch ihrem Kreise der Anbeter verloren sind.

Der Mann bewirbt sich in der Ehe nur um seines Weibes, die Frau aber um aller Männer Neigung.

Der Mann hat Geschmack für sich, die Frau

macht sich selbst zum Gegenstande des Geschmacks für jedermannn.

Die Frau ist weigernd, der Mann bewerbend; ihre Unterwerfung ist Gunst. Sie muß kalt, der Mann dagegen in der Liebe affektvoll zu sein scheinen. Die Begierde des letzteren, ihre Reize auf alle Männer spielen zu lassen, ist Koketterie; in alle Weiber verliebt zu scheinen, ist Galanterie.

Der Mann ist leicht zu erforschen, die Frau verrät ihr Geheimnis nicht, obgleich das anderer schlecht bei ihr verwahrt ist.

Die Weiblichkeiten heißen Schwächen. Man spaßt darüber, Toren treiben damit ihren Spott; Vernünftige aber sehen sehr gut, daß gerade sie die Werkzeuge sind, die Männlichkeit zu lenken und zu ihrer Absicht zu gebrauchen.

Die Frau hat ein vorzügliches Gefühl für das Schöne, sofern es ihr selbst zukommt; aber für das Edle, soweit es beim männlichen Geschlecht angetroffen wird. Der Mann dagegen hat ein entschiedenes Gefühl für das Edle, das zu seinen Eigenschaften gehört, für das Schöne aber, insofern es bei der Frau anzutreffen ist. Daraus folgt, daß die Zwecke der Natur darauf ausgehen, den Mann durch die Geschlechterneigung noch mehr zu veredeln und die Frau durch sie noch mehr zu verschönern.

Was die gelehrten Frauen betrifft, so brauchen sie ihre Bücher etwa so wie ihre Uhr, nämlich sie zu tragen, damit gesehen werde, daß sie eine haben, wenn sie auch meist still steht, oder nicht nach der Sonne gestellt ist.

Das Weib wird durch die Ehe frei; der Mann verliert dadurch seine Freiheit.

Des Mannes Wirtschaft ist Erwerben, die des Weibes Sparen.

Die Achtung ist ohne Zweifel das Erste, weil ohne sie auch keine wahre Liebe stattfindet.

Im ehelichen Leben soll das vereinigte Paar gleichsam eine einzige moralische Person ausmachen, welche durch den Verstand des Mannes und den Geschmack der Frauen belebt und regiert wird ... Es ist also in einem solchen Verhältnis ein Vorzugsstreit läppisch, und wo er sich ereignet, das sicherste Merkmal eines plumpen oder ungleich gepaarten Geschmackes. Wenn es dahin kommt, daß vom Recht des Befehlshabers die Rede ist, so ist die Sache schon äußerst verdorben; denn wo die ganze Verbindung eigentlich nur auf Neigung errichtet ist, da ist sie schon halb zerrissen, sobald sich das Sollen anfängt hören zu lassen.

Ein Mann, der sein Geschlechtsvermögen vielleicht schon vor der Ehe liederlich durchgebracht hat, wird der Geck in seinem eigenen Hause sein, denn er kann diese häusliche Herrschaft nur haben, soferne er keine billigen Ansprüche schuldig bleibt.

Der Mann liebt den Hausfrieden und unterwirft sich gern einem Regiment, um sich nur in seinen Geschäften nicht behindert zu sehen; die Frau scheut den Hauskrieg nicht, den sie mit der Zunge führt, und zu welchem die Natur ihr Redseligkeit und affektvolle Beredtheit gab, die den Mann entwaffnet. Der Mann fußt auf dem Recht des Stärkeren, im Hause zu befehlen, weil er es gegen äußere Feinde schützen soll; die Frau auf dem Recht des Schwächeren: vom männlichen Teile gegen Männer geschützt zu werden, und macht durch Tränen der Erbitterung den Mann wehrlos, indem sie ihm seine Ungroßmütigkeit vorhält.

Wer soll den oberen Befehl im Hause haben? denn nur einer kann es doch sein, der alle Geschäfte in einen Zusammenhang bringt. — Ich würde in der Sprache der Galanterie — doch nicht ohne Wahrheit — sagen: die Frau soll herrschen und der Mann regieren; denn die Neigung herrscht und der Verstand regiert. — Das Betragen des Ehemannes muß zeigen, daß ihm das Wohl seiner Frau vor allem anderen am Herzen liege. Weil aber der Mann am besten wissen muß, wie er stehe und wie weit er gehen könne: so wird er, wie ein Minister seinem bloß auf Vergnügen bedachten Monarchen, der etwa ein Fest oder den Bau eines Palais beginnt, zu seinem Befehl zuerst die schuldige Willfährigkeit erklären, nur daß zum Beispiel für jetzt nicht Geld im Schatze sei, daß gewisse dringendere Notwendigkeiten zuvor abgemacht werden müssen und ähnliches, so daß der höchstgebietende Herr alles tun kann, was er will, doch mit dem Umstande, daß diesen Willen ihm sein Minister an die Hand gibt.

Wenn die Frau die Wahl hätte, ob ihr Vergehen von einem männlichen oder weiblichen Gerichtshofe abgeurteilt werden solle, würde sie sicher den ersten zu ihrem Richter wählen.

WEISHEIT DES LEBENS

Man darf von der Weisheit nicht geringschätzig sagen: sie ist nur eine Idee; sondern eben darum, weil sie die Idee von der notwendigen Einheit aller möglichen Zwecke ist, muß sie allem Praktischen zur Regel dienen.

Die Hauptquellen der Vorurteile sind: Nachahmung, Gewohnheit und Neigung.

Hang zur Gemächlichkeit ist für den Menschen schlimmer als alle Übel des Lebens.

Wer nicht arbeitet, verschmachtet vor Langeweile und ist allenfalls von Ergötzlichkeiten betäubt und erschöpft, niemals aber erquickt und befriedigt.

Die wahre Stärke der Tugend ist, in Ruhe einen

überlegten und festen Entschluß auszuführen. Das ist der Zustand der Gesundheit im moralischen Leben.
Dagegen ist der Affekt, selbst wenn er durch die Vorstellung des Guten erregt wird, eine augenblicklich glänzende Erscheinung, welche aber Mattigkeit hinterläßt.

Demut ist eigentlich nichts anderes als eine Vergleichung seines Wertes mit der moralischen Vollkommenheit.
So lehrt die christliche Religion nicht sowohl die Demut, als sie vielmehr den Menschen demütig macht, weil er sich ihr zufolge mit dem höchsten Muster der Vollkommenheit vergleichen muß.

Eine gewisse ruhige Selbstzuversicht, mit den Merkmalen der Achtung verbunden, erwirbt sich Zutrauen und Gewogenheit; dagegen bringt Dreistigkeit, die andere wenig zu achten scheint, Haß und Widerwillen hervor.

Das fröhliche Herz allein ist fähig, Wohlgefallen am Guten zu empfinden.

So kann und sollte es Frömmigkeit in guter Laune geben; so kann und soll man beschwerliche, aber notwendige Arbeit in guter Laune verrichten, ja selbst sterben in guter Laune; denn alles dieses verliert seinen Wert durch üble Laune und mürrische Stimmung.

Den Tod fürchten die am wenigsten, deren Leben den meisten Wert hat.

Was der feinere Teil der Menschen Leben nennt, ist ein wunderliches Gewebe von langweiligen Zeitkürzungen, noch mehreren Plagen der Eitelkeit und einem ganzen Schwarm alberner Zerstreuungen. Der Verlust derselben wird meist für noch viel ärger als der Tod gehalten.

Fragt man, ob die Menschengattung als eine gute oder schlimme Rasse anzusehen sei: so muß ich gestehen, daß nicht viel damit zu prahlen ist.

Daß die Welt im argen liege, ist eine Klage, die so alt ist wie die Geschichte.

Alle falsche Kunst, alle eitle Weisheit dauert ihre Zeit; dann endlich zerstört sie sich selbst, und die höchste Kultur derselben ist zugleich der Zeitpunkt ihres Unterganges.

Der Mensch nimmt nicht eher Anteil an anderer Glück oder Unglück, als bis er sich selbst zufrieden fühlt. Macht also, daß er mit wenigem zufrieden sei, so werdet ihr gütige Menschen machen, sonst ist es umsonst.

Junger Mann! versage dir die Befriedigung der Lustbarkeit, der Schwelgerei und dergleichen, wenn auch nicht in der stoischen Absicht, ihrer gar entbehren zu wollen, sondern in der feinen epikureischen, um einen immer noch wachsenden Genuß vor dir zu haben. Dieses Kargen mit der Barschaft deines Lebensgefühls macht dich durch den Aufschub des Genusses wirklich reicher, wenn du auch dem Gebrauch derselben am Ende des Lebens größtenteils entsagt haben solltest. Das Bewußtsein, den Genuß in deiner Gewalt zu haben, ist, wie alles Idealische, fruchtbarer und weiter umfassend als alles, was den Sinn dadurch befriedigt, daß es hiermit zugleich verzehrt wird und so von der Masse des Ganzen abgeht.

Wer seine Begierde zu befriedigen weiß, ist klug; wer sie zu beherrschen weiß, ist weise.

Daß ich etwas Gutes nicht habe, was ich hätte besitzen können, schmerzt lange nicht so sehr, als daß ich etwas nicht mehr besitze, was ich gehabt habe.

Es kann der Einbildungskraft vielleicht verziehen werden, wenn sie bisweilen schwärmt, das heißt, sich nicht behutsam innerhalb der Schranken der Erfahrung hält, denn wenigstens wird sie durch einen solchen freien Schwung belehrt und gestärkt, und es wird immer leichter sein, ihre Kühnheit zu mäßigen, als ihrer Mattigkeit aufzuhelfen. Daß aber der Verstand, der denken soll, statt dessen schwärmt, das kann ihm niemals verziehen werden; denn auf ihm beruht allein alle Hilfe, um der Schwärmerei der Einbildungskraft, wo es nötig ist, Grenzen zu setzen.

Dem, welcher ein Bein gebrochen hat, kann man dadurch sein Unglück doch erträglicher machen, wenn man ihm zeigt, daß es leicht hätte das Genick treffen können.

Wenn man seinen Schmerz mit andern möglichen vergleicht, wird er dadurch erträglicher.

Der Schmerz ist der Stachel der Tätigkeit, und in dieser fühlen wir allererst unser Leben; ohne diesen würde Leblosigkeit eintreten.

Ein Verzagter ist allemal ein strenger Herr über den Schwächeren, sowie auch bei uns derjenige Mann jederzeit ein Tyrann in der Küche ist, welcher außer seinem Hause sich kaum erkühnt, jemandem unter die Augen zu treten.

Man schätzt gewisse Erkenntnisse öfters nicht darum hoch, weil sie richtig sind, sondern weil sie uns etwas kosten; denn man hat nicht gerne die Wahrheit guten Kaufs.

Nur wenn das Bedürfnis befriedigt ist, kann man unterscheiden.

Ein jeder Feige lügt, aber nicht umgekehrt.

Betrachten wir den Menschen nur auf dieser Welt, so ist er ein Objekt zum Lachen. Nehmen wir ihn vor einen strengen Richter, so ist sein Schicksal beweinenswert. Anstatt nun diese beiderlei Gesinnungen zu verbinden, so wechselt er damit: lacht sein Leben durch und weint oder seufzt beim Sterben.

Für sich allein würde ein verlassener Mensch auf einer wüsten Insel weder seine Hütte noch sich selbst ausputzen oder Blumen aufsuchen, noch weniger sie pflanzen, um sich damit auszuschmükken. Nur in Gesellschaft fällt es ihm ein, nicht bloß Mensch, sondern auch nach seiner Art ein feiner Mensch zu sein — denn als einen solchen beurteilt man denjenigen, der seine Lust andern mitzuteilen geneigt und darin geschickt ist und den ein Objekt nicht befriedigt, wenn er das

Wohlgefallen an ihm nicht in Gemeinschaft mit andern fühlen kann.

Das Wohlwollen kann unbegrenzt sein, denn es muß hierbei nichts getan werden. Aber mit dem Wohltun geht es schwieriger zu.

Keiner kann einer Sache gewiß sein, wenn nicht Gegengründe rege gemacht worden sind.

In Disputen ist die ruhige Stellung des Gemüts, verbunden mit Güte und Nachsicht gegen den Streitenden, ein Zeichen, daß man im Besitz der Macht sei.

Alle menschliche Tugend im gesellschaftlichen Verkehr ist Scheidemünze; ein Kind ist der, welcher sie für echtes Gold nimmt. — Es ist aber doch besser, Scheidemünze als gar kein solches Mittel im Umlauf zu haben. Und endlich kann es doch, wenngleich mit ansehnlichem Verlust, in bares Gold umgesetzt werden.

Ich räume gerne ein, daß das Interesse am Schönen der Kunst gar keinen Beweis einer dem moralisch Guten anhänglichen oder auch nur dazu geneigten Denkungsart abgebe. Dagegen aber behaupte ich, daß ein unmittelbares Interesse an der Schönheit der Natur jederzeit ein Kennzeichen einer guten Seele sei.

Zwar denke ich vieles mit der allerklarsten Überzeugung und zu meiner großen Zufriedenheit, was ich niemals den Mut haben werde zu sagen; niemals aber werde ich etwas sagen, was ich nicht denke.

Ich bin selbst aus Neigung ein Forscher. Ich fühle den ganzen Durst nach Erkenntnis und die begierige Unruhe, darin weiterzukommen, oder auch die Zufriedenheit bei jedem Erwerb. Es war eine Zeit, da ich glaubte, dies alles könnte die Ehre der Menschheit machen, und ich verachtete den Pöbel, der von nichts weiß. Rousseau hat mich zurechtgebracht. Dieser verblendende Vorzug verschwindet; ich lerne die Menschen ehren und ich würde mich viel unnützer finden wie den gemeinen Arbeiter, wenn ich nicht glaubte, daß diese Betrachtung allen übrigen einen Wert erteilen könne, die Rechte der Menschheit herzustellen.

Ich habe meine Seele von Vorurteilen gereinigt, ich habe eine jede blinde Ergebenheit vertilgt, welche sich jemals einschlich, um manchem eingebildeten Wissen in mir Eingang zu verschaffen. Jetzt ist mir nichts angelegen, nichts ehrwürdig, als was durch den Weg der Aufrichtigkeit in einem ruhigen und für alle Gründe zugänglichen Gemüte Platz nimmt; es mag mein voriges Urteil bestätigen oder aufheben, mich bestimmen oder unentschieden lassen. Wo ich etwas antreffe, das mich belehrt, da eigne ich es mir zu. Das Urteil desjenigen, der meine Gründe widerlegt, ist mein Urteil, nachdem ich es vorerst gegen die Schale der Selbstliebe und nachher in derselben gegen meine vermeintlichen Gründe abgewogen und in ihm einen größeren Gehalt gefunden habe.

Wenn sich ein Mensch fände, von dem ich gehaßt würde, so würde es mich beunruhigen. Nicht als wenn ich mich vor ihm fürchtete, sondern weil ich

es häßlich fände, etwas an sich zu haben, was anderen ein Grund eines Hasses werden könnte: denn ich würde vermuten, daß ein anderer nicht ganz ohne alle scheinbare Veranlassung einen Widerwillen hätte fassen können.
Ich würde ihn daher aufsuchen; ich würde mich ihm besser zu erkennen geben: und nachdem ich in ihm einiges Wohlwollen gegen mich hätte entstehen sehen, würde ich mich hierbei genügen lassen, ohne jemals einen Vorteil daraus ziehen zu wollen.

Es ist wahr und klug, daß ich dem, der mich einmal betrogen hat, niemals mehr traue; denn er ist in seinen Grundsätzen verdorben.
Aber darum, weil mich einer betrogen hat, keinem anderen Menschen mehr zu trauen, das ist Misanthropie.

Was ist es, das selbst dem Wilden ein Gegenstand der größten Bewunderung ist? Ein Mensch, der nicht erschrickt, der sich nicht fürchtet, also der Gefahr nicht weicht, zugleich aber mit völliger Überlegung rüstig zu Werke geht.

Erhabene Gesinnung: welche Kleinigkeiten übersieht und das Gute unter den Mängeln bemerkt.

Wenn die Menschen gewohnt wären, unter das Getümmel ihrer Geschäfte und Zerstreuungen bisweilen ernsthafte Augenblicke der Betrachtung zu mengen: so würden ihre Freuden vielleicht weniger rauschend sein, aber die Stelle derselben würde eine ruhige Heiterkeit der Seele einnehmen, der keine Zufälle mehr unerwartet sind. Und selbst die sanfte Schwermut, dieses zärtliche Gefühl, davon ein edles Herz aufschwillt, wenn es in einsamer Stille die Nichtswürdigkeit alles dessen erwägt, was bei uns allgemein für groß und wichtig gilt, würde mehr wahre Glückseligkeit enthalten als die ungestüme Belustigung des Leichtsinnigen und das laute Lachen des Toren.

SCHLUSSBEMERKUNG

Diese Auswahl, dem Gesamtwerk Kants entnommen, ist bestrebt, das Bild seiner Philosophie nachzuzeichnen. Der Aufbau der fünf ersten Kapitel folgt in weitem Sinne den Phasen der drei Hauptwerke Kants. Der Abschnitt ,,Deine Kraft" zeigt uns die Zuverlässigkeit unserer Vernunft und die Macht unserer Fähigkeiten in der realen Welt, wie sie in den ersten Teilen der ,,Kritik der reinen Vernunft" dargelegt ist. ,,Deine Grenze" läßt uns die Schranken erkennen, die unserer Sehnsucht, ins Unendliche fortzuschreiten, unerbittlich gesetzt sind – es ist dies der Abschluß des gleichen Buches. ,,Deine Aufgabe" weist auf die innere Stimme des Gewissens und der Pflicht hin, auf den ,,kategorischen Imperativ" in uns. ,,Deine Erfüllung" bringt den moralischen Gottesbeweis und führt uns zu tiefsten Weisheiten des Glaubens. Beide Kapitel spiegeln das Gedankengut der ,,Kritik der praktischen Vernunft". Das Thema der ,,Kritik der Urteilskraft" finden wir dann in dem Abschnitt ,,Schönheit und Kunst". Es wurden bei dieser Zusammenstellung jedoch nicht ausschließlich Prägungen aus den angeführten Werken verwendet, sondern stets aus dem Bereich des Gesamtwerks solche herangezogen, die für eine unmittelbare Verständlichkeit des auszusprechenden Gedankens am geeignetsten waren. Denn oft finden sich in Nebenwerken und kleinen Schriften meisterhafte Zusammenfassungen auf knappstem Raum, die an Deutlichkeit und Schönheit die Darlegung im Hauptwerk übertreffen. – Die Kapitel „Frauen und Liebe" und „Weisheit des Lebens" sammeln über diese Themen die zahlreichen treffenden, verblüffend erfahrenen Beobachtungen und Gedanken, die uns das Wesen des großen Philosophen menschlich außerordentlich nahebringen. Hier wird er zu einem mit allen unseren Schwächen, Sorgen und Träumen vertrauten Ratgeber.

Der Zusammenstellung liegt die Gesamtausgabe der Preußischen Akademie der Wissenschaften, Berlin 1902–41, zugrunde. Für eine nähere Einführung sei Robert Reiningers Werk „Kant", München 1923, genannt.

W. K.

QUELLENNACHWEIS

Seite

5: ÜG, F, RMO
23: WDO, KU, VP, VL
24: VL, P, BSE, A, VL
25: VL, RA, VPR, TEF, GMS, KU
26: KU, BO
27: KRV, KRV, KRV, KRV
28: VP, KRV, KPV, KU, ÜG
29: R, F, MS, MS
30: KPV, KU, OP, KRV, RM
31: TEF, VL, RM
32: P, KRV, VL, VL
33: KRV, KRV, KRV
34: KRV, KRV, KRV, KRV, KRV
35: A, A, KRV, KRV, MS
36: RP, KU, KU, KRV, KU
37: KB, P, FM, VL
38: OP, F, F
39: A, KRV, WDO, BFA
40: BFA, VL, VP
41: KRV, P, ÜG

Seite

42: KRV, KRV, KU
43: KU, RM, KRV, FM, KPV, KRV
44: NG, FM, VL, KB
45: KRV, GMS, P
46: KRV, FM, KRV
47: KRV, VT
48: KRV, OP, P, KRV
49: WDO, KRV, KRV, KRV, KRV
50: P, KRV, KRV, KPV
51: KPV
52: KRV
53: KRV, SE
54: S, S, NG, KRV
55: MS, MS, BSE, R
56: KPV, GMS, R, KPV
57: BSE, MS, T, MS, KPV
58: MS, A, KU, MS
59: MS, MS, GMS
60: KPV, KPV, KPV, KPV
61: R, GMS, GMS, KPV, RMO, KPV, KPV
62: GMS, RMO, TEF

Seite

63: R, RS
64: GMS
65: MS, TEF
66: GMS, KPV
67: R, KU
68: KPV, ÜG
69: MS, SF
70—71: KPV
72: R, KPV
73: VT
74: KPV
75: RM, KPV
76: KRV, KRV, KRV
77: MS, KRV, MS, MS
78: KRV, KPV, KRV, MS
79: MS
80: GMS, RA, RMO, GMS
81: ÜG, BSE
82: KPV, GMS
83: GMS, KU, KPV, KPV
84: TG, GMS, KU, KPV
85: GMS
86: GF
87: BSE, MS, KPV
88: A, RMO, KRV, IG, VP, AL
89: RM, KPV, VP
90: MS, MS, R
91: MS, SF

Seite

92: R, A, A
93: MS, A, IG
94: R, A, A
95: VL, KRV, A
96: A, VP, VP, MS, MS
97: T, MS, TEF, KRV
98: T, VP, TEF, R, GMS
99: GMS, RMO, A, A
100: RMO, VP
101: A, A, A
102: MS, IG, TEF
103: OP, BSE, MS, KPV
104: KPV, R, E
105: RM, TG, KU
106: RM, GF, MS
107: KU, S
108: VT, KU
109: KU
110: TG, R, SF
111: KPV, VL, E
112: KU, FM, OP, RM, KRV
113: VT, KRV, TEF
114: R, KRV
115: R, KB, OP, OP
116: SF, RMO, GF
117: E, R, KB
118: VP, R, RR
119: R, SF, BSE, WDO, KRV

Seite

120: RM, RMO, SF, OP
121—122: KU
123: KU, BSE, KU, KU, KU
124: KU, A
125: KRV, KU, KU, F, KRV
126: VL, KU, KU, VT
127: KU, A, A
128—131: KU
132: E, RMO, A, BSE
133: BSE, MS, CG, CG, CG
134: CG, CG, CG, BSE
135: CG, CG, CG, E
136: BSE, CG, KRV
137: CG

Seite

138: CG
139: KRV, VL, VP, BSE, MS
140: VP, BSE, VP
141: A, RM, BSE, A, R
142: P, BSE, A
143: BSE, RMO, P
144: A, GL, A, BSE, BO
145: KU, BSE, RA, KU
146: MS, VL, BSE, A
147: KU, KB, BSE
148: TG, BSE
149: A, KU
150: GF

Erklärung der Abkürzungen:

A = Anthropologie in pragmatischer Hinsicht; AL = In das Album des Nachfolgers von Lessing in der Bibliothek zu Wolfenbüttel; BFA = Beantwortung der Frage: „Was ist Aufklärung?“; BO = Versuch einiger Betrachtungen über den Optimismus; BSE = Beobachtungen über das Gefühl des Schönen und Erhabenen; CG = Vom Charakter des Geschlechts; E = Das Ende aller Dinge; F = Fragmente; FM = Welches sind die wirklichen Fortschritte der Metaphysik? GF = Gedanken bei dem frühzeitigen Ableben des

Herrn Johann Friedrich von Funk; GL = Über das Gefühl der Lust und Unlust; GMS = Grundlegung zur Metaphysik der Sitten; IG = Idee zu einer allgemeinen Geschichte in weltbürgerlicher Absicht; KB = Kants Briefwechsel; KPV = Kritik der praktischen Vernunft; KRV = Kritik der reinen Vernunft; KU = Kritik der Urteilskraft; MS = Metaphysik der Sitten; NG = Versuch, den Begriff der negativen Größen in die Weltweisheit einzuführen; OP = Opus posthumum; P = Prolegomena zu einer jeden künftigen Metaphysik, die als Wissenschaft wird auftreten können; R = Die Religion innerhalb der Grenzen der bloßen Vernunft; RA = Reflexionen zur Anthropologie; RM = Reflexionen zur Metaphysik; RMO = Reflexionen zur Moralphilosophie; RP = Die rationale Psychologie; RR = Reflexixonen zur Religionsphilosophie; RS = Rezension von Schulz' Versuch einer Anleitung zur Sittenlehre; S = Von der Schöpfung; SE = Vorarbeiten zur Schrift gegen Eberhard; SF = Der Streit der Fakultäten; T = Über das Mißlingen aller philosophischen Versuche in der Theodicee; TEF = Verkündigung des nahen Abschlusses eines Traktats zum ewigen Frieden in der Philosophie; TG = Träume eines Geistersehers, erläutert durch Träume der Metaphysik; ÜG = Über den Gemeinspruch: „Das mag in der Theorie richtig sein, taugt aber nicht für die Praxis"; VL = Vorlesungen über Logik; VP = Vorlesungen über Pädagogik; VPR = Vorrede zu Jachmanns Prüfung der Kantschen Religionsphilosophie; VT = Von einem neuerdings erhobenen vornehmen Ton in der Philosophie; WDO = Was heißt sich im Denken orientieren?

Michel de Montaigne
Essais
[Versuche]
nebst des Verfassers Leben,
nach der Ausgabe von Pierre Coste
ins Deutsche übersetzt
von Johann Daniel Tietz

3 Bände im Schuber, Leinen
Diese Ausgabe bringt alle Essais,
eine Biographie Montaignes, Briefe Montaignes,
Etienne de la Boéties »Von der freiwilligen
Dienstbarkeit«, Kritiken zu den Essais sowie ein
ausführliches Personen- und Stichwortregister.
Neuausgabe der 1753/54 erschienenen
deutschen Erstausgabe

Die seit Generationen als verschollen geltende, selbst in Bibliographien fast nie erwähnte, erste vollständige deutsche Übersetzung der Essais von Montaigne.

»Die erste, angesichts der schon zeitfernen Sprache Montaignes und der mangelhaften philologischen Hilfsmittel der Epoche erstaunlich sichere und glückliche, noch heute durchaus lesbare Übersetzung des damals fünfundzwanzigjährigen Physikers, Ökonomen und Polygraphen Johann Daniel Tietz oder Titius (1729–1797) aus Konitz (Ostpreußen) wurde nie wieder aufgelegt und ist völlig verschollen. Die zweite, berühmte Übertragung von Johann Jakob Christoph Bode (1730–1793) hat der direkten, knappen und bündigen Verdeutschung von Tietz wenig sachliche Verbesserungen, einige übersetzerische Goldfunde, manche ganze Abschnitte und Gedankengänge unkenntlich machende Mißverständnisse und vor allem so viele hausbackene teutsche Späßchen und Schnörkel hinzugefügt, sie geht so aufs Ungefähr neben dem halbverstandenen Text her und macht ihn so duzbrüderlich zum biederen deutschen Aufklärer mit närrisch archaisierendem Zöpfchen, daß von Geist und Stil Montaignes wenig übriggeblieben ist.« *Herbert Lüthy*

»Montaignes Essais, das große Weisheitsbuch, die reifste Frucht des europäischen Renaissancehumanismus, ein Lieblingsbuch so vieler großer Franzosen und einiger großer Deutscher (darunter Goethe und Nietzsche), ein Buch, das durch die Jahrhunderte hindurch, von der Ablehnung Pascals über die Bewunderung Voltaires bis hin zur Mimikry Gides ein Stück besten europäischen Geistes mitprägen geholfen hat und das auch heute noch demjenigen, der es einmal kennen und lieben gelernt hat, ein unentbehrlicher Lebensbegleiter sein kann – dieses so heitere, friedenstiftende, zutiefst schicksalsversöhnende Buch ist auf deutsch in toto nicht zu haben! Es ist ein Skandal, nicht anders zu nennen. Und die Gründe, die Lüthy oder Franz für ihre Kürzungen angeben, überzeugen uns schlechterdings nicht – vor allem deswegen nicht, weil es ja einer Bevormundung des Lesers gleichkommt, für ihn vorwegzuentscheiden, was er für lesenswert halten soll, was nicht. Man kann Montaigne aufschlagen wo man will, hier ein Stückchen, dort ein Stückchen lesen – dagegen ist nichts zu sagen. Alle großen Montaigne-Leser haben es so gemacht. Selbst wenn man jedoch die Essais auch wohl schwerlich je von Anfang bis Ende durchliest, ist das kein Grund, sie nicht ganz zu besitzen. (Wer läse denn schon seinen Goethe ganz – und doch füllen seine gesammelten Werke die Regale unserer besseren Bildungsbürgerhäuser.)«
Jürgen von Stackelberg

»Montaigne ist, um es ganz schlicht zu sagen, ein Autor des 16. Jahrhunderts, den man noch heute lesen kann, und zwar mit Vergnügen. Es ist eine Lust, in den tausend Seiten zu blättern, hier und da aufzuschlagen, immer wieder.« *Richard Friedenthal*

»Ein bezauberndes Buch sind die Essais dieses Republikaners mit monarchistischen Neigungen, dieses Christen mit heidnischer Gesinnung, dieses Renaissance-Menschen und Humanisten mit dem mittelalterlichen Gottvertrauen, der schon die Aufklärung ankündigt. Ein großes Lese- und Lehrbuch vom richtigen Leben, das man nicht einmal und nie zu Ende lesen kann, sondern so aufnehmen muß, wie es geschrieben wurde, schweifend, abbrechend und wieder neu anfangend.« *Rolf Michaelis/Die Zeit, Hamburg*

»Nur zwölf Generationen trennen uns von diesem gesunden Einzelexemplar zwischen den Zeiten. Nur? Wenn es um Liebe und Eifersucht, um Schmerzen und Angst, um Selbsterkenntnis und selbst gelegte Fallen im Alltag geht, ist Michel de Montaigne Zeitgenosse.«
Mathias Greffrath

Über Montaigne

Aufsätze und Zeugnisse von Blaise Pascal, Johann Wolfgang Goethe, Ralph Waldo Emerson, Charles Augustin Sainte-Beuve, Friedrich Nietzsche, André Gide, Heinrich Mann, Hermann Hesse, Egon Friedell, Stefan Zweig, Richard Friedenthal, Elias Canetti, Herbert Lüthy, Mathias Greffrath u.a. Mit Zeittafel und Bibliographie. Herausgegeben von Daniel Keel. detebe 22516

»Montaigne ist der aufrichtigste und ehrlichste aller Schriftsteller... Er ist nie langweilig, nie unaufrichtig und hat die Gabe, dem Leser alles das interessant zu machen, was ihn selber interessiert.«
Ralph Waldo Emerson

»Es gibt einen Mann, mit dessen Gedanken Sie sich nähren sollten und der Sie beruhigen würde, es ist Montaigne. Studieren Sie ihn gründlich, ich verschreibe es Ihnen als Medizin.« *Gustave Flaubert*

»Ich weiß nur noch einen Schriftsteller, den ich betreff der Ehrlichkeit Schopenhauer gleich, ja noch höher stelle: Das ist Montaigne. Daß ein solcher Mensch geschrieben hat, dadurch ist wahrlich die Lust, auf dieser Erde zu leben, vermehrt worden. Mir wenigstens geht es seit dem Bekanntwerden mit dieser freiesten und kräftigsten Seele so, daß ich sagen muß, was er von Plutarch sagt: ›Kaum habe ich einen Blick auf ihn geworfen, so ist mir ein Bein oder ein Flügel gewachsen.‹ Mit ihm würde ich es halten, wenn die Aufgabe gestellt wäre, es sich auf der Erde heimisch zu machen.«
Friedrich Nietzsche

»Als Trost, den ich unbedingt brauche, lese ich Montaigne. – Diese Lektüre ist für mich ein ganz besonderes Erlebnis: Das ist Eintauchen in eine humanere Vergangenheit, in der dem Menschen noch Bedeutung beigemessen war.« *Wolfgang Hildesheimer*